LA PATRIE

LA RÉPUBLIQUE

PAR

Léon DANICOURT

Sténographe de la Chambre des Députés

PARIS

LIBRAIRIE GERMER BAILLIÈRE ET Cⁱᵉ

Boulevard Saint-Germain, 108

1880

LA PATRIE

ET

LA RÉPUBLIQUE

Clermont (Oise). — Typographie du *Journal de Clermont*.

LA PATRIE

ET

LA RÉPUBLIQUE

PAR

LÉON DANICOURT

Sténographe de la Chambre des Députés

PARIS

LIBRAIRIE GERMER BAILLIÈRE ET Cie

Boulevard Saint-Germain, 108

—

1880

LA PATRIE

ET

LA RÉPUBLIQUE

LIVRE PREMIER

QUESTIONS DE POLITIQUE GÉNÉRALE

I

LA PATRIE

Si j'inscris en tête de ce petit livre ce grand mot : la Patrie, c'est qu'il en condense et qu'il en résume toute la doctrine, c'est que la pensée qui l'a inspirée est tout entière contenue dans cette formule : *Salus patriæ suprema lex esto.*

L'exilé partout est seul, a dit Lamennais ; le peuple soumis à une domination étrangère

subit le pire des exils, l'exil sur son propre sol.
Un peuple asservi n'est plus qu'un troupeau,
quand encore on lui permet d'être un seul
troupeau. Non-seulement en perdant l'indépendance nationale, il cesse d'être une puissance, il perd encore l'être moral. Rien ne lui
appartient plus que par le calcul ou le bon
plaisir de ses maîtres, il n'y a plus pour les
individus qui le composent ni droit ni justice.

Ils ne sont plus des citoyens, et c'est à peine
si l'on peut dire encore d'eux qu'ils sont des
hommes; ils sont dans l'humanité des déclassés
et des parias.

La prospérité de la patrie doit donc être le
principal, le constant souci de l'homme politique
et du citoyen. Et au-dessus de toutes les questions de forme gouvernementale, de toutes les
questions de doctrine qui peuvent diviser les
enfants d'un même peuple, doit se placer le
devoir envers la patrie, devoir étroit contre
lequel il n'y a pas de théorie personnelle, pas
de principe, dirais-je volontiers, qui puisse
prévaloir.

Pour moi, la République est non-seulement
le meilleur des gouvernements de fait, c'est le
seul gouvernement légitime, parce que, dans
l'ordre politique, il est la justice. Mais s'il
m'était démontré, si les faits me prouvaient que
son existence dût entraîner la ruine de la France,

je n'hésiterais pas à dire : Périsse la République et que la France soit sauvée ; car quel que soit le gouvernement qu'on subisse ou qu'on se donne, il faut commencer par avoir une patrie et une patrie indépendante, pour vivre de la vie nationale, et il n'y a ni monarchie ni république possibles pour les peuples sans patrie.

II

LA PATRIE DEVANT L'HUMANITÉ

C'est un problème qui restera peut-être toujours sans solution positive que celui de l'origine de l'homme.

La prodigieuse antiquité de son apparition sur le globe est aujourd'hui un fait acquis à la science. Mais parmi les savants, et en dehors de toute doctrine religieuse, les uns soutiennent que l'humanité ne forme qu'une seule famille issue tout entière d'un couple unique, les autres concluent à la multiplicité des espèces humaines.

D'un autre côté, la doctrine de l'évolution, en faisant descendre tous les êtres vivants d'une cellule primitive aussi voisine du non-être que de l'être, mais séparée, comme par un abîme, du monde inorganique par le phénomène de la vie qui, pour la première fois, apparaît en elle, nous constitue en parenté avec la nature entière.

Quoi qu'il en soit, et que nous soyons les descendants d'un ou plusieurs couples humains formant un règne à part dans l'animalité, ou de cette monère dont la lointaine paternité fait de nous une partie intégrante du grand Tout, ce n'est pas cette parenté où nous sommes avec tous les êtres vivants, ce n'est pas la communauté d'origine avec les hommes des races diverses qui vivent sur le globe, ce n'est pas non plus la révélation divine, cette chimère, qui ont fait surgir dans les consciences et dans les cœurs le sentiment de l'humanité.

On peut dire que pendant des milliers d'années le monde antique ne l'a pas connu. « Platon, j'emprunte ces lignes à M. Barthélemy Saint-Hilaire, a beau recommander bienveillance et douceur envers l'esclave, l'esclave, à ses yeux, ne fait point partie de l'association civile, en d'autres termes, de l'humanité... et s'il recommande à ses compatriotes de l'Hellade de ne plus faire d'esclaves parmi eux, il reconnaît que le barbare est fait pour porter des chaînes. »

La plus grande parole qui, dans toute l'antiquité païenne, se soit élevée pour affirmer ce sentiment de l'humanité, c'est celle, et cela devait être, d'un esclave de la veille, d'un affranchi de génie :

Homo sum et nihil humani a me alienum puto,

a dit Térence.

C'est la parole d'un homme qui, pour n'être plus sous le joug, n'était pas encore citoyen, qui n'avait pas de patrie, puisqu'il n'était pas Romain, mais qui cependant, vivant dans l'intimité des dominateurs du monde, se sentait l'égal des plus grands et trouvait en lui-même l'éclatant témoignage de l'humanité de ces races asservies dont il était issu, c'est-à-dire de leur égalité de nature avec leurs maîtres.

Le sentiment de l'humanité ! Il s'est fait ainsi jour dans le monde antique à travers les luttes de peuple à peuple, de tribu à tribu, de cité à cité, et, par suite de ces luttes mêmes encore plus peut-être que par suite des rapports commerciaux que la nécessité créait entre eux. La reconnaissance de l'égalité de force et de courage dans les combats est bien près, en effet, d'être la constatation d'un degré égal d'humanité entre les combattants.

« Il est naturel, dit M. Fustel de Coulanges (*Cité antique*), que l'idée morale ait eu son commencement et son progrès dans l'idée religieuse. Le Dieu des premières générations, dans la la race Aryenne, était bien petit ; peu à peu, les hommes l'ont fait plus grand ; ainsi la morale, fort étroite d'abord et fort incomplète, s'est sensiblement élargie, jusqu'à ce que, de progrès en progrès, elle arrivât à proclamer le devoir d'amour envers tous les hommes. »

Ce que je veux retenir de ce passage, ce n'est pas l'affirmation que l'idée du devoir d'amour envers tous les hommes est née de l'idée religieuse et ne s'est développée que grâce à elle. Les religions toutes locales des cités et des familles antiques ont été, au contraire, trop souvent un obstacle au développement des sentiments humains chez les hommes des premiers âges, de même que les religions modernes le sont encore chez les hommes de notre temps.

Non! Ce que je veux en retenir, c'est l'idée de l'élargissement successif de la morale, tout d'abord *étroite* et *incomplète*, et plus étroite et plus incomplète encore dans les autres familles humaines, que dans cette famille Aryenne qui est la nôtre ; c'est l'idée de la création progressive de la personnalité de Dieu par la pensée humaine « de Dieu, tout petit d'abord, et que peu à peu les hommes ont fait plus grand. »

C'est là une pensée juste et profonde, car elle est, sous une forme mystique, la constatation de ce fait que l'homme parti pour ainsi dire *ex nihilo*, non pas du néant, non pas du non-être qui est, comme l'être, un mot à peu près vide de sens, mais d'un état potentiel où tous ses développements ultérieurs étaient contenus, ne fait autre chose sur la terre que marcher lentement, péniblement à la découverte et à la réalisation de l'idéal sans cesse agrandi des perfections que son esprit peut concevoir, à mesure que l'horizon dans lequel se meut son activité physique, intellectuelle et morale s'élargit devant lui et par lui.

C'est, en effet, à cette manière de concevoir l'histoire et l'œuvre humaine tout entière qu'on est conduit quand on admet la loi du progrès.

Et c'est ainsi que, peu à peu, de génération en génération, dans l'intelligence et dans la conscience des penseurs, éclairées par l'expérience des siècles, s'est formé et s'est développé le sentiment de l'humanité, et que nous en sommes arrivés à reconnaître l'homme dans les hommes.

Mais, si puissant que soit ce sentiment de l'humanité, est-ce qu'il a pour résultat d'amoindrir l'idée de patrie? Assurément non! Et alors même que seront venus, si jamais ils viennent, les temps hélas bien éloignés du nôtre, où toutes luttes auront cessé entre les peuples, où le règne de la paix universelle sera fondé, l'idée de la patrie, l'amour de la patrie n'en persisteront pas moins; et les nationalités auront encore, auront toujours des patries distinctes dont l'entente, dont le concert constitueront la grande harmonie de la patrie cosmique.

J'ai dit les nationalités et non pas les races, car la race ne suffit pas à faire un peuple; la race est sans doute l'élément primordial qui est à l'origine des groupements humains, mais elle est cependant, avec la religion, ce qui sépare le plus les hommes.

Les hommes, selon qu'ils appartiennent à telle ou telle race, ont des aptitudes particulières, et les peuples qui ne sont formés que d'une race unique sont des peuples incomplets, enfermés dans une humanité restreinte, dût cette race être par bien des cotés une race supérieure.

La nation la plus complète, la plus humaine, est celle qui sait le mieux s'assimiler les aptitudes multiples des grandes familles humaines, de façon à leur faire oublier la diversité de leurs origines, en utilisant ces aptitudes pour le bien commun.

Mais, pour constituer la patrie, la nationalité ne suffit pas, et, à côté d'elle, il faut que d'autres éléments non moins puissants viennent se grouper. Montesquieu a constaté l'influence du climat sur les hommes; la science moderne va plus loin, elle constate celle de l'habitat.

Il y a des races d'hommes qui semblent plus localisées que les autres sur le sol qui les a vues naître et qui ne paraissent pas pouvoir vivre dans un milieu différent. Il y en a d'autres — et c'est le privilège de la race blanche, celui qui fait sa force — qui semblent pouvoir plus facilement croître et multiplier sous toutes les latitudes. Toutefois ce privilège n'est pas sans restrictions. Il n'est que relatif, aucune d'elles ne le possède dans sa plénitude, et on peut même dire qu'elles ne l'acquièrent qu'au prix de transformations profondes, qui ne résultent pas seulement du mélange avec les races autochtones, mais qui se produisent encore alors même que ces mélanges n'ont pas lieu.

Ainsi, si les nègres, par un phénomène singulier, ne peuvent pas multiplier en Algérie, s'il est probable qu'ils disparaîtront en Amérique, il est certain aussi que les populations européennes qui essaiment aux Etats-Unis y subissent des modifications physiques dès à présent signalées par la science ; et que la nature elle-même travaille activement à composer, avec toutes les races qui immigrent sur le continent de l'Amérique du Nord, une nationalité et presque une race américaine ayant sa physionomie particulière dans l'ensemble des nations.

C'est un phénomène qu'on pourrait constater partout, et en France aussi bien qu'en aucun autre pays du globe.

Les conditions géologiques du sol, sa composition chimique influent sur la nature végétale, comme aussi sur la constitution des espèces animales. Et l'homme qui se nourrit de la substance des végétaux et de la chair des animaux, selon qu'il vit sur un terrain d'alluvion ou sur un terrain primitif, n'est pas physiquement le même.

M. de Metternich a dit un jour de l'Italie qu'elle n'était plus qu'une entité géographique. C'est déjà quelque chose pour un pays que d'être une entité géographique; mais un pays qui est à la fois une entité géographique et une entité géologique est bien près d'être une patrie nécessaire, une patrie indestructible, car il impose fatalement sa marque à toutes les races qui viennent s'y fixer. Les siècles passent, et la nationalité, détruite par le fer des conquérants ou par les discordes civiles, s'y reconstruit.

Mais la patrie, dans la constitution de laquelle la nature a, comme on le voit, sa large part, est aussi l'œuvre des hommes. Elle est la résultante du travail des générations. Elle n'est pas seulement la terre des ancêtres, elle est leur création morale.

Les économistes ont fait cette observation que, dans le développement de la richesse et dans la création de la propriété individuelle, la part du travail humain était beaucoup plus considérable que celle de la nature. L'observation est également vraie quand on l'applique au développement de cette grande propriété commune, la plus précieuse de toutes, celle qui constitue, dans l'ordre moral aussi bien que dans l'ordre matériel, le domaine particulier des nations, la patrie.

C'est surtout parce que la patrie et la nationalité sont des œuvres humaines qu'elles n'exigent pour subsister ni l'unité de race, ni l'unité de langage, et qu'on peut s'associer dans l'amour d'une commune patrie tout en étant de race et de langues différentes.

De même que l'humanité se reconnaît et se constate à travers les langues et les races, de même la nationalité, de même un commun patriotisme peuvent se constituer avec une inébranlable solidité entre des hommes qui parlent des dialectes divers, qui appartiennent originairement à des branches distinctes de la grande famille humaine.

Et c'est parce qu'elle est la nationalité la plus compréhensive, celle qui tient le moins compte des origines ethniques et de la race, que notre France est, dans le grand sens du mot, le plus humain de tous les peuples.

La patrie, pour les peuples du monde moderne qui sont parvenus au plus haut degré de civilisation, c'est, en même temps que la place forte de la nationalité, le grand instrument à l'aide duquel les hommes de progrès peuvent arriver à élargir l'humanité.

Platon disait : « C'est la patrie qui nous enfante, qui nous nourrit, qui nous élève », et Sophocle : « C'est la patrie qui nous conserve. »

Ces grandes paroles sont plus vraies aujourd'hui que jamais, et c'est à travers la patrie qu'on peut le mieux aimer l'humanité et le mieux la servir.

Sans doute, elle n'est plus aujourd'hui ce qu'elle était dans le monde antique ; mais pour s'être transformée, et parce que des religions étroites et limitées à la race, à la peuplade, à la horde ou à la tribu, ne viennent plus la resserrer, l'isoler au milieu de ce qu'on appellait la barbarie, c'est-à-dire d'une immense pépinière d'esclaves, la patrie en est elle moins grande, moins nécessaire et moins auguste ?

La patrie antique ne connaissait pas le travail ou le méprisait, il y était œuvre d'esclave. « Tout posséder, disait Aristote, n'avoir besoin de personne, voilà la véritable indépendance. L'étendue et la fertilité du territoire doivent être telles que tous les citoyens puissent y vivre dans le loisir d'hommes libres et sobres. » (Polit., livre IV, ch. v.) « La constitution parfaite n'admettra jamais les artisans parmi les citoyens. Travailler aux choses indispensables de la vie pour la personne d'un individu, c'est être esclave ; travailler pour le public, c'est être ouvrier ou mercenaire. » (Polit., livre V, ch. iii.) « Dans un état bien constitué, les citoyens ne doivent pas avoir à s'occuper des premières nécessités de la vie. » (Liv. II, ch. vi.)

L'existence de la patrie moderne est au contraire fondée tout entière sur le travail ; et c'est ce qui fait sa force bien plus que la puissance militaire. C'est en vue de protéger le travail et non le loisir des citoyens qu'elle est instituée ; et la sécurité qu'elle assure au travail, les éléments de développement qu'elle lui fournit sont, pour les peuples civilisés d'aujourd'hui, une raison de l'aimer qu'ignorait le monde antique.

C'est par la patrie, par l'extension que son action puissante permet à l'activité nationale, soit qu'elle fonde au dehors des colonies, soit qu'elle ouvre de toute autre manière des débouchés au commerce, que l'homme peut agir sur l'humanité ; et l'on peut dire que c'est seulement à la condition d'avoir une patrie qu'il peut remplir ses devoirs envers elle.

L'humanité sans la patrie n'est qu'un vain mot. Il n'y a donc que des esprits chimériques qui puissent songer à les séparer.

III

LA PATRIE FRANÇAISE

Quand le penseur se place en face de l'idée de patrie, quand il envisage les nécessités naturelles aussi bien que les nécessités d'ordre national et d'ordre humain, qui font que la patrie s'impose à l'homme et qu'elle est pour lui la condition principale de son indépendance, de sa sécurité et de sa dignité morale, il est évident qu'il doit renoncer à prendre l'absolu pour but de ses doctrines d'organisation sociale et se confiner dans le relatif.

Quelle est la situation de la France dans le monde ?

Si sa place y est considérable au point de vue de sa grandeur intellectuelle et morale et du rayonnement de sa civilisation, au point de vue de l'étendue de son territoire elle est en réalité fort modeste.

Sans doute, et ce n'est pas d'aujourd'hui que l'observation en a été faite, le coin de l'Europe que nous occupons est une des contrées de la terre les mieux faites pour être le siège d'un

état puissant. Mais enfin, si privilégiée que
soit, sous bien des rapports, sa situation géographique, si variées que soient les productions
de son sol, si la France est une des rares contrées du globe qui puissent, par elles-mêmes,
permettre aux peuples qui les habitent de vivre
d'une vie propre, presque indépendante du reste
du monde, il ne faut pas oublier cependant que
nous faisons partie intégrante d'un continent
où, à l'Orient, vivent des populations encore
à demi ou même tout à fait barbares, restées à
l'état de races, et dont l'antagonisme et l'impuissance à se civiliser complètement sont
un danger permanent pour la paix générale.

Il ne faut pas oublier qu'autour de nous, à
nos portes, il y a l'Espagne, l'Italie, l'Angleterre et surtout l'Allemagne qui, elle aussi,
est restée une race et ne sera peut être jamais
une nation ; et par de là l'Allemagne, l'énorme
Russie, presque un monde, et un monde tout
plein de mystères, dont nul ne peut prévoir
aujourd'hui l'avenir, gros de puissance inouïe
ou d'effroyables déchirements.

Il ne faut pas l'oublier, et le voudrions-nous,
nous ne pourrions pas l'oublier.

De là, pour nous, plus peut-être que pour
tous les autres peuples, le devoir de conservation de notre patrie, de la patrie française,
la plus humaine qui soit au monde. Et je

trouve en vérité que ce sont de singuliers politiques ceux-là qui condamnent, comme tyrannique, cette loi du salut public qui s'impose à nous, quoi que nous fassions, à quelque parti, à quelque croyance, à quelque foi politique ou religieuse que nous appartenions; ceux-là qui, au nom de je ne sais quelles doctrines sociales pompeusement vêtues de mots sonores, la récusent comme attentatoire à la liberté individuelle, plaçant ainsi avant la patrie, qui seule nous protège, un faux et décevant humanitarisme.

Si c'est être jacobin que de vouloir, avant toute chose, la conservation de la patrie, quant à moi je déclare que, sous ce rapport, je suis jacobin.

Mais est-ce que vraiment cette grande doctrine du salut de la patrie est si contradictoire qu'on le prétend à la liberté des citoyens, aux droits de l'homme ? Oh! sans doute, aux jours des périls nationaux, des crises suprêmes, il faut que tous les intérêts particuliers se taisent devant l'intérêt supérieur de la patrie, il faut que tous les efforts de la nation convergent vers le même but; et alors, s'il se produit des dissidences, elles doivent être impitoyablement brisées. Mais est-ce qu'aux heures prospères, dans les conditions normales de la vie ordinaire, la loi de conservation de la patrie s'impose aux hommes comme un joug ? Est-ce qu'elle revet ce caractère d'implacable dureté ? C'est tout le contraire qui est vrai !

Les peuples ne sont grands que par la liberté ; et il n'est pas besoin, je pense, de longues phrases pour établir combien le travail libre l'emporte sur le travail esclave, combien la pensée libre l'emporte sur la pensée asservie.

Celui qui veut la grandeur de la patrie est donc, par cela même, conduit à vouloir la liberté des citoyens.

Les idées de patrie et de liberté sont des idées connexes, et si on interroge l'histoire, on les trouve toujours associées de la façon la plus étroite et la plus intime; les peuples les plus élevés en civilisation ont été les seuls à les connaître et à les pratiquer.

Mais ce qui est vrai aussi, c'est que la patrie, sans laquelle la liberté des citoyens ne saurait exister, parce qu'elle est le *substratum* nécessaire de toute existence sociale, ne comporte pas cette liberté absolue que réclament certains utopistes; ce qui est vrai encore, c'est que la patrie étant nécessaire à l'existence des sociétés, il ne faut pas qu'elle soit traitée par ceux qui se nourrissent de sa substance, qui vivent de sa chair et de son sang, comme le sont dans les amphithéâtres les cadavres abandonnés au scalpel des étudiants en médecine.

En d'autres termes, la patrie ne doit pas être considérée comme un champ d'expériences sur lequel toutes les expériences sont permises ; la liberté des citoyens doit s'arrêter là où elle peut compromettre le salut de la patrie.

Et j'ajouterai qu'elle a encore bien d'autres bornes, des bornes sans lesquelles elle n'existerait pas, qui n'ont pour effet, tout en la restreignant en apparence, que d'augmenter sa puissance, et qui s'imposent par le fait même de la constitution des sociétés et du respect obligatoire des droits d'autrui.

Laissons, pour le moment, de côté ces questions qui sont un peu en dehors de notre sujet actuel.

Est-ce que la situation de la France au milieu de nations rivales, en compétition d'intérêts avec elles, n'impose pas des restrictions à notre liberté ? Est-ce que, si nous étions une île comme l'Angleterre, ou un continent tout entier comme les États-Unis d'Amérique, nous aurions besoin de maintenir l'organisation militaire qui pèse si lourdement sur nous ?

Cette organisation qui a pour effet, encore aujourd'hui, d'enlever pendant cinq ans nos jeunes hommes aux travaux de la paix, pour leur apprendre à être des soldats, est-ce qu'elle n'est pas une entrave à notre liberté ? Ce serait folie cependant que de vouloir la détruire pour y

substituer je ne sais qu'elle organisation de la
population en milices locales, n'ayant entre
elles que des liens de sentiment, et qu'on verrait, en cas de péril national, ne marcher que
si tel était leur bon plaisir. Ce serait folie pour
la France moderne de revenir à la constitution
qu'avaient les Gaules du temps de César, ou
qu'avait la France du moyen âge, et qui a mis
les Gaules, malgré le courage de nos ancêtres,
dans l'impuissance de lutter contre les Ro-
mains; qui, au moyen âge, a failli conduire la
France à n'être plus qu'une dépendance de
l'Angleterre.

La liberté est faite, encore une fois, autant
du respect des droits d'autrui que de l'exercice
du nôtre; et quand on a l'honneur d'appartenir
à une patrie comme la France, d'être membre
d'une nationalité qui, comme la nôtre, est humaine dans le plus grand sens du mot, on a
aussi des devoirs envers elle. On a des devoirs
envers elle, non-seulement parce qu'on lui appartient, non-seulement par intérêt, non-seulement par le sentiment étroit du patriotisme et
de la race, mais parce qu'en la servant, on sert
en même temps la cause de l'humanité et du
progrès.

En paix comme en guerre, le droit individuel
est donc limité pour nous par le devoir patriotique.

IV

LA JUSTICE

Le droit individuel est encore limité par le droit d'autrui, c'est-à-dire par la justice.

« Toutes les sciences, tous les arts, dit Aristote, ont un bien pour but, et le premier des biens doit être l'objet de la plus haute des sciences; or, cette science, c'est la politique. Le bien, en politique, c'est la justice, en d'autres termes, l'utilité générale. (Polit., liv. III, ch. VII.) »

Sans doute, l'utilité générale et la justice sont le plus souvent choses corrélatives; je ne crois pas cependant qu'il soit exact de dire que la justice est l'utilité générale et n'est pas autre chose.

Et, d'abord, l'utilité générale de qui? Est-ce de la cité? de telle ou telle association d'hommes réunis en corps de nation? Mais une mesure qui peut être d'utilité générale pour telle ou telle nation peut être, vis-à-vis d'une nation voisine, d'une injustice flagrante. Ainsi, l'annexion d'une province peut être extrêmement utile à celle qui fait cette annexion et désastreuse pour celle au détriment de laquelle elle est faite.

Non, il y a dans la notion de justice une idée morale supérieure à celle de l'utilité, et la définition d'Aristote n'est certainement pas exacte.

Qu'est-ce donc que la justice?

Quand on interroge les annales des peuples, on s'aperçoit vite que, suivant les temps, suivant les lieux, les hommes l'ont comprise sous des aspects différents et qu'ils ont toujours exprimé par ce grand mot un idéal social supérieur à l'état de choses existant à l'époque où ils vivaient; mais que cet idéal a été, de siècle en siècle, si bien dépassé, que vouloir aujourd'hui le réaliser tel qu'ils le concevaient, ce serait vouloir reculer en arrière et retourner à la barbarie.

Ainsi, pour les contemporains d'Aristote et pour lui-même, l'esclavage était juste; qui donc, aujourd'hui, voudrait soutenir la justice de l'esclavage? Il était cependant, pour ces petites cités grecques qui sont l'honneur et la gloire du monde antique, d'utilité générale!

Et, d'un autre côté, manger les prisonniers de guerre, est-ce que ce n'est pas une action parfaitement juste pour ces peuplades sauvages auxquelles n'est pas encore apparue la notion de l'humanité et qui, cependant, ont à leur manière le sentiment de la justice?

Vouloir que la justice soit un principe absolu, immuable, c'est donc contredire toute l'histoire. Pour moi, je la définirai : la perfection idéale dans les rapports sociaux, telle que les hommes, suivant les temps et les milieux où ils vivent, peuvent la concevoir.

Je ne pense pas qu'on puisse en trouver une autre définition qui donne plus ample satisfaction à la vérité historique et à la réalité des faits, alors qu'on admet la loi du progrès, cette loi de bon sens qui n'a pas besoin, pour être expliquée, de la moindre théorie métaphysique ; car elle n'est que la conséquence de ce fait que l'homme est un être intelligent, c'est-à-dire : la recherche et la découverte du mieux, par un être doué de la faculté de penser, de savoir choisir.

De notre temps, c'est la Révolution française qui a donné de la justice la plus haute et la plus complète formule.

L'idée de la justice, telle que nous la concevons aujourd'hui, telle que nous l'espérons pour les générations futures, telle que nous la voudrions réaliser pour nous-mêmes, elle l'a résumée dans ces trois mots : Liberté, égalité, fraternité.

J'avoue que, pour ma part, je trouve le troisième terme de la formule, le mot de fraternité, d'une sentimentalité excessive, et que j'aimerais lui voir substituer le mot d'humanité, dans le large sens que lui donnaient et Térence et le xviiie siècle. Mais, enfin, l'adaptation plus ou moins étroite du mot à l'idée qu'il veut exprimer, importe, en définitive, assez peu.

Qu'y a-t-il, au fond, dans cette formule dont la République peut seule nous donner l'application ?

La reconnaissance du droit qu'a tout homme d'être libre ; mais, en même temps. la limitation de ce droit par le droit d'autrui, par la reconnaissance de l'égalité des hommes entre eux, en tant que citoyens d'abord, au point de vue du droit humain ensuite.

D'où la nécessité d'assurer par des lois faites pour tous, n'ayant en vue, et ici je reprends l'expression d'Aristote, que l'utilité générale, la protection des faibles contre les forts ou contre les méchants.

On le voit donc, deux principes supérieurs, celui de la conservation de la patrie, celui de la justice, viennent limiter pour les mieux assurer la liberté des citoyens et toutes les libertés.

V

LA LIBERTÉ

Qu'est-ce que la liberté?

Avant de répondre à cette question qui est au fond de toutes nos grandes discussions politiques, il en est une autre qu'il faut résoudre, c'est celle-ci : L'homme est-il un être libre? car il est clair que si l'homme n'est pas libre, s'il n'est qu'une machine plus ou moins bien organisée, fonctionnant en vertu de lois providentielles ou fatales, il n'est, par conséquent, pas responsable, et que parler de liberté à propos de lui, de ses pensées ou de ses actes, c'est parler de ce qui n'existe pas.

L'homme est-il un être libre? Il semble, au premier abord, que cette question ne puisse faire doute pour les penseurs qui se font gloire d'appartenir à la démocratie libérale, pour ceux-là surtout qui se déclarent les partisans de la liberté illimitée. Il n'en est rien cependant, et ce sont justement ces grands amoureux de l'absolu qui nient le plus résolument la liberté morale de l'homme.

Pour me borner à un seul exemple, voici comment s'exprime à cet égard un des plus illustres d'entre eux, M. de Girardin, à la page 109 de son volume des *Questions philosophiques*, dans l'introduction à son traité sur la liberté :

« Je nie que l'homme libéré de toute sujétion soit libre ; il n'est pas libre, car il dépend de sa raison, et sa raison ne dépend pas de lui ; il n'est pas libre, car il n'est pas plus en son pouvoir de naître avec une raison droite qu'avec une complexion robuste ou avec un ovale parfait ; il n'est pas libre, car il n'est pas plus en son pouvoir de naître idiot qu'il n'est en son pouvoir de naître difforme ; il n'est pas libre, car il n'est pas plus en son pouvoir de ne pas naître qu'il n'est en son pouvoir de ne pas mourir ; il n'est pas libre, car il n'est pas plus en son pouvoir de ne pas croître intellectuellement qu'il n'est en son pouvoir de ne pas croître physiquement ; il n'est pas libre enfin, car il n'est pas plus en son pouvoir de ne pas penser qu'il n'est au pouvoir de l'arbre de ne pas pousser, au pommier de ne pas porter de pommes. »

Cette comparaison de l'homme avec un pommier, renouvelée du baron d'Holbach, et qui paraît si concluante à M. de Girardin, n'est pas juste ; elle n'est que spécieuse dans sa singularité.

Le pommier, c'est incontestable, n'est pas libre de ne pas produire des pommes ; mais s'il est vrai que la liberté humaine soit limitée par des bornes souvent assez étroitement rapprochées ; s'il est vrai que cette puissance individuelle, mécanique, automatique, dont M. de Girardin, fort embarrassé par sa négation de la liberté morale pour pouvoir soutenir logiquement la liberté civile et la liberté politique, a fait la base de toutes ses théories, puisse subir, suivant les circonstances, des modifications et des dépressions diverses, que parfois même elle puisse être presque entièrement annihilée, l'homme n'en a pas moins sur cette puissance, c'est-à-dire sur lui-même, une action évidente.

Ainsi, dans l'ordre matériel, l'homme peut se condamner au célibat ; il peut, par un fait de sa volonté propre, s'abstenir de procréer des enfants, tandis que le pommier ne pourra jamais, volontairement, s'abstenir de produire des pommes ; et même, dans l'ordre moral, il est clair qu'il peut agir sur lui-même, qu'il peut, jusqu'à un certain point, s'abstenir de produire des idées, ou, ce qui revient au même, s'il les produit, les garder pour lui et ne pas les rendre publiques ; que rien n'empêche, par exemple, M. de Girardin de briser sa plume, si cela lui plaît, de détourner sa pensée du cours qu'il lui a tracé, de se désintéresser des luttes politiques et, comme Dioclétien, d'aller planter des laitues dans une autre Salone.

M. de Girardin dit encore dans le même passage : « l'homme n'est pas libre, car il dépend de sa raison et sa raison ne dépend pas de lui, car il n'est pas plus libre de ne pas naître qu'il n'est libre de ne pas mourir. » Veut-il que nous appliquions le même raisonnement à la personnalité divine ?

Si Dieu existe, il est difficile de le concevoir autrement que libre d'une liberté absolue, or, rien n'est plus simple que de démontrer que Dieu étant, non-seulement il n'est pas libre, mais qu'il n'est pas. Et pour cela, que faut-il ? Le beau raisonnement que voici :

Dieu ne peut pas ne pas être. Si Dieu ne peut pas ne pas être, donc il n'est pas libre, et Dieu ne pouvant se concevoir sans liberté, donc il n'est pas.

Qu'est-ce que cela prouve ? C'est que la métaphysique et la dialectique ne sont pas des guides des plus sûrs lorsqu'elles ne s'appuient pas sur l'expérience.

C'est sur l'expérience, et sur l'expérience seule, qu'il faut nous appuyer pour résoudre cette question, comme toutes celles qui se posent aujourd'hui devant l'esprit humain.

Sur quelle base est construite toute la géométrie, cette science par excellence du raisonnement? Sur deux ou trois vérités d'expérience dont elle ne peut se passer, qui sont son fondement indispensable, et qu'elle appelle des axiomes.

Est-ce autre chose, par exemple, qu'une vérité d'expérience que cette proposition : La ligne droite est le plus court chemin d'un point à un autre?

Eh bien, la liberté est à la fois une vérité d'expérience et de conscience. Et tous les métaphysiciens du monde auront beau faire, ils n'arriveront pas à démontrer aux hommes qu'ils sont des machines. Eux-mêmes, dans la pratique de la vie, ils feront toujours, en dépit de leurs théories, acte de liberté, et ce n'est pas M. de Girardin, par exemple, qui répudiera jamais la responsabilité de ses théories ni de ses actions.

La liberté est un axiome.

Elle est la condition essentielle de l'existence de l'être humain. Dire que l'homme n'est pas libre, c'est dire qu'il n'existe pas en tant qu'homme. Sa personnalité est détruite, et il n'y a pas de moi humain.

Et le moi humain, c'est mon axiome de tout à l'heure que je reprends sous une autre forme, j'en ai la conscience, je le vois à chaque instant se manifester dans les actes de mes semblables.

Mais, de ce qu'un homme est un être libre, s'ensuit-il que sa liberté soit complète, illimitée? Ce serait folie que de le prétendre.

Elle est limitée d'abord de la façon la plus étroite et la plus jalouse par les grandes forces de la nature qui, à l'origine, se refusaient à lui obéir, dont, aujourd'hui, il a peu à peu appris à se servir, mais qu'il est bien loin d'avoir absolument maîtrisées; elle l'est encore par sa faiblesse en face des grands animaux mieux armés que lui, et devant lesquels il est resté longtemps à l'état d'infériorité. Encore aujourd'hui rien n'est moins libre qu'un sauvage.

Quesnay, en tête de son livre *de la Physiocratie ou de la Constitution naturelle du gouvernement le plus avantageux au genre humain*, a placé cette épigraphe :

> *Ex naturâ jus, ordo, et leges,*
> *Ex homine arbitrium, regimen et coercitio.*

Je serais tenté de dire au contraire :

> *Ex naturâ arbitrium regimen et coercitio,*
> *Ex homine, jus, ordo, et leges.*

Le droit, l'ordre, les lois qui existent dans le monde, au point de vue purement humain, bien entendu, ne sont que des développements, des émanations du moi humain. Cela ne me paraît pas pouvoir être contesté, même par les spi-

ritualistes les plus convaincus, du moment que
l'on rejette le dogme de la révélation comme
définitivement condamné par la science.

En effet, si l'on suppose que l'homme, à son
apparition sur la terre, apportait avec lui ce bagage de la justice, de la morale et du droit,
tels que nous les concevons aujourd'hui, qu'est-ce
donc que l'histoire ?

Il y a évidemment, pour les descendants de
l'homme primitif et pour l'homme primitif lui-
même, aussi loin dans le passé que nous puis-
sions remonter, oubli complet de ces grands
principes dont on nous affirme l'innéité et l'im-
mutabilité. Et alors la doctrine de la chute et de
la chute indéfinie se continuant encore aujour-
d'hui serait vraie, et nous ne vaudrions pas
nos aïeux, ces contemporains de l'*ursus gigan-
teus* et de l'*elephas primigenius*, les fabri-
cants de ces petits couteaux de silex qui sont la
principale richesse du musée de Saint-Germain.

La vérité, c'est qu'à l'origine l'humanité était
comme un livre aux pages blanches, vierge de
toute écriture divine ; et que, sur ce livre, les
générations qui se sont succédé ont inscrit,
les unes après les autres, leurs idées, leurs espé-
rances, leurs conquêtes sur le monde extérieur,
les lois morales qu'elles ont découvertes, lois
qu'elles ont transformées ensuite en principes

destinés à nous servir de jalons sur la route du progrès.

A l'origine donc, l'homme doué de facultés puissantes, mais pas de lois naturelles révélées ou innées; ou, pour mieux dire, pour toute loi la loi du plus fort, se traduisant dans le domaine des faits par la liberté illimitée et par l'irresponsabilité de l'homme vis-à-vis de ses semblables : si bien que cette liberté illimitée qu'on veut nous représenter comme l'idéal où doivent tendre les sociétés humaines, n'est, en réalité, que la négation même de toute liberté.

Pour qu'elle puisse s'exercer, en effet, sans aboutir au despotisme de la force brutale, il faudrait que l'humanité se réduisît à un seul individu, et encore n'existerait-elle pas, parce que cet homme unique se trouverait absolument frappé d'impuissance, et que l'existence de la liberté implique, pour qui la possède, la puissance de la pratiquer.

Mais l'homme n'est pas seul. Il ne peut vivre, il ne peut être le maître du sol qu'il habite qu'à la condition d'associer ses efforts avec ceux de ses semblables. Et plus la société dans laquelle il se trouve englobé est bien organisée, plus aussi il est puissant, plus sa liberté, bénéficiant de l'effort commun, s'accroît et rayonne en tous sens. C'est donc une erreur de croire que l'action sociale soit une limitation de la liberté, elle en est, au contraire, la protection et la garantie; et, en dehors d'une société bien organisée, la liberté individuelle ne peut pas exister.

La liberté ne peut exister que sous la loi, c'est-à-dire qu'à la condition que les rapports des hommes entre eux soient prudemment réglés et que les faibles ne soient pas à la merci des forts.

Opposer, comme le fait M. de Girardin, la liberté légitime, conséquence de la raison appliquée, à la liberté légale, conséquence de la loi imposée, c'est soutenir le plus insoutenable des paradoxes. Ce qui est vrai, c'est que la loi doit être la raison sociale exprimée et s'imposant à tous pour la protection égale des droits de tous, et que la liberté légale doit être en même temps la liberté légitime.

La liberté individuelle est donc forcément limitée, et je serais vraiment curieux qu'on m'expliquât comment il en pourrait être autrement.

Quand on dit que Dieu est infini et parfait tout ensemble, on accouple deux idées qui hurlent de se trouver jointes. Dire, en effet, que l'infini est parfait, c'est limiter l'infini, car la perfection ne se peut concevoir que par la limitation de l'être qui la possède.

Avoir une qualité quelle qu'elle soit, avoir un droit quel qu'il soit, c'est avoir en même temps des limites. Et comme tout homme vit au milieu d'êtres semblables à lui et ayant des droits égaux aux siens, sa liberté, limitée d'abord par l'impuissance de l'individu à se suffire à lui-même, l'est encore par leurs droits à eux ; et c'est pour cela que cette définition de nos Constitutions républicaines « la liberté est le pouvoir qui appartient à l'homme de faire tout ce qui ne nuit pas à autrui » est excellente.

Mais cette limitation de la liberté, loin de la diminuer, la grandit, parce qu'elle n'est dans les sociétés civilisées et, bien entendu, chez les peuples libres, qu'une convention exprimée ou tacite par laquelle chacun associe ses efforts en vue d'un but commun qui est toujours un accroissement de puissance soit dans l'ordre moral, soit dans l'ordre physique.

Prenons pour exemple la plus simple, la plus élémentaire, la plus universellement admise de toutes les libertés de l'ordre physique, la liberté d'aller et de venir, est-ce qu'elle peut être illimitée ?

Et si elle était illimitée, est-ce qu'elle pourrait exister ? Est-ce qu'elle n'est pas limitée d'une façon très-étroite par le respect de la propriété, et aussi bien des propriétés nationales que des propriétés particulières ?

Si absolu que soit pour chacun de nous le droit d'aller et de venir, est-ce qu'il peut aller jusqu'à nous autoriser à passer à travers les champs cultivés ? Est-ce qu'il peut être permis, dans les rues des cités, d'aller en voiture ou à cheval sur les trottoirs réservés aux piétons ? Est-ce que plus les moyens de communication s'étendent et se multiplient, plus les mesures de police pour le maintien en bon état des chemins, des routes, des voies ferrées, des canaux et de tout le matériel des transports ne s'imposent pas en vue même de cette liberté d'aller et de venir qu'elles ont pour but de favoriser ? Mais c'est précisément cette limitation de la liberté d'aller et de venir qui fait qu'elle existe, qui fait qu'elle devient de jour en jour plus grande et plus accessible à tous. Un chemin, une route sont des limitations du droit d'aller et de venir, et, cependant, là où il n'y a ni chemin, ni route, on peut dire que ce droit n'existe pas; et c'est parce qu'il n'y a pas de routes tracées à travers le continent africain qu'il est encore aujourd'hui ce fouillis inextricable où ne peut pénétrer la civilisation.

C'est là un fait indéniable et contre lequel aucun argument, aucun raisonnement, si spécieux qu'ils soient, ne sauraient prévaloir.

Et de même que la liberté d'aller et de venir n'existe qu'à la condition que des routes soient ouvertes devant les pas des voyageurs; qu'elle est d'autant plus grande que ces routes sont plus nombreuses et plus sûres, mieux tracées et mieux garanties, soit contre la destruction venant des hommes, soit contre la destruction provenant du fait des éléments, toutes les autres libertés n'existent qu'à la condition que la patrie soit prospère et bien ordonnée, et que des lois sages et prudentes faites en vue de la protection de tous les droits qui vivent à l'ombre du drapeau national en favorisent et en protègent l'exercice en le réglant.

Quiconque revendique pour lui-même la liberté absolue réclame, en réalité, le droit de se promener à travers les sociétés humaines comme font les loups et les ours au fond des bois. Et cette liberté-là n'a rien de commun avec celle des hommes libres, car elle méconnaît le droit d'autrui, car elle ne tient pas compte de la nécessité de la conservation du domaine commun, et, de plus, en même temps qu'elle est l'abus de la force brutale, elle est l'extrême faiblesse.

Ce qui est la vérité, c'est que plus la patrie est prospère, plus les nations sont avancées en civilisation, plus l'harmonie existe dans les mœurs et l'accord entre les esprits, plus aussi la liberté peut et doit être grande, plus il est loisible aux hommes qui ont en main la garde des destinées de la patrie de la laisser se limiter par elle-même.

C'est, en effet, une preuve de la prospérité des

états, du degré de sécurité où ils sont parvenus, en même temps que de la force de leurs gouvernements, que la liberté qui y règne. Quand un gouvernement est universellement accepté, que personne ne conteste la forme constitutionnelle sous laquelle la nation est organisée, ce gouvernement peut dédaigner les attaques dirigées soit contre lui, soit même contre la Constitution, parce que ceux qui se livrent à ces attaques, quelle que soit la vivacité de leur langage, prêchent en quelque sorte dans le désert.

Mais quand, après de longues luttes civiles, la légitimité de l'état constitutionnel est contestée par des partis encore puissants et dont les entreprises peuvent amener le renouvellement des discordes intestines et, finalement, la ruine de la patrie, la situation devient toute différente ; et le gouvernement ne peut alors dédaigner au même degré les attaques de nature à troubler la paix publique ; il ne le peut ni ne le doit.

Soutenir le contraire, c'est vouloir qu'il soit une sorte de tête de turc sur laquelle tout le monde aurait le droit de frapper à bras raccourcis, sans qu'il lui soit possible de se défendre. Et le théoricien par excellence de la liberté absolue, M. de Girardin lui-même, s'il était un jour chef de gouvernement, n'accepterait pas cinq minutes une pareille situation.

Il faut, quand on gouverne, qu'on le veuille ou non, tenir compte des situations et des milieux. Laisser faire, laisser passer, sans s'inquiéter des conditions de l'existence sociale, c'est, en vérité, une politique fort commode, mais qui a le tort d'être la négation de tout gouvernement, de toute organisation nationale et de la patrie elle-même.

Aucune Société civilisée ne peut, je le répète, exister qu'à la condition d'être réglée par des lois, expression des rapports sociaux. Et il n'y a pas de liberté civile possible là où il n'existe pas de lois. Ce sont les lois qui la protègent ou, pour mieux dire, qui la créent.

La patrie, qui assure aux fils d'un même peuple l'indépendance nationale, a besoin que les citoyens qui vivent à son ombre soient libres pour être forte; mais la liberté, nous l'avons bien vu, a besoin, elle aussi, de la patrie, et de là des sacrifices nécessaires: ainsi les impôts, ainsi le service militaire, enfin une constitution telle qu'au moment du péril, aucune partie de la nation ne puisse même discuter les conditions auxquelles elle concourra au salut commun.

VI

LA LIBERTÉ DE LA PENSÉE ET LA LIBERTÉ D'ACTION

L'homme n'existe, en tant qu'homme, que parce qu'il pense.

Interdire aux hommes la liberté de penser, c'est donc commettre un crime presque égal à celui dont on se rend coupable quand on attente à la vie humaine; et le fanatisme religieux n'a été si souvent amené à commettre le second que parce qu'il s'est cru autorisé à commettre le premier.

Le domaine de la pensée et de la conscience individuelle est donc un domaine réservé, où ne doit point pouvoir pénétrer l'action sociale.

Mais est-ce à dire que la liberté de la pensée, parce qu'elle est ainsi, au premier chef, une liberté légitime, puisse exister sans la loi et se passer d'elle? C'est, au contraire, un des principaux objets de la loi de la protéger, et l'on peut dire que, de notre temps, cette protection lui est absolument nécessaire.

Ainsi, lorsque la loi édicte des pénalités judiciaires contre la corruption ou la fraude électorale, quand elle arme les Chambres du droit de prononcer, après enquête, l'annulation des élections qui ont été viciées soit par les manœuvres des partis, soit même par l'intervention gouvernementale, fait-elle autre chose qu'assurer à la conscience individuelle le moyen de s'exprimer librement, que sauvegarder l'indépendance morale des citoyens?

Mais ce n'est pas seulement en matière politique que la liberté de la pensée a besoin d'être défendue, c'est surtout en matière de croyance et sur le terrain même de la conscience, contre l'esprit d'intolérance et de prosélytisme, que les religions et la religion catholique, plus que toute autre, inspirent à leurs sectateurs. Et, contre le danger dont elle est menacée de ce côté, on peut dire que la loi civile, la loi laïque est son seul protecteur. En effet, là où le gouvernement est théocratique, là où il se revendique d'une origine divine et se considère comme investi d'une mission providentielle, la liberté de la pensée ne peut pas exister.

Le domaine de la pensée pure est bien large, puisqu'il embrasse toutes les sciences, l'art sous toutes ses formes, les religions, la politique, l'histoire tout entière. Mais, très-souvent, et par cela même que la pensée a besoin pour s'affirmer de se manifester au dehors, un élément nouveau s'y adjoint, qui la transforme et la fait rentrer dans le domaine de la loi, non plus seulement pour être protégée par elle, mais pour être soumise à ses appréciations et parfois à ses sévérités. Il arrive, en effet, fréquemment, qu'une pensée devient un acte, sans cesser pour cela d'être une pensée.

Pour cela, il suffit souvent de bien peu de chose, d'une modification dans les conditions du milieu où elle a été exprimée, du fait en apparence insignifiant qu'elle s'applique à tel ou tel individu, au lieu de rester une pensée générale. Un écrivain militaire, dans un livre de stratégie, exprime la pensée que telle ou telle circonstance étant donnée, un chef de corps doit se conduire de telle ou telle façon : cet écrivain militaire est un général, l'occasion se présente pour lui d'appliquer son système sur un champ de bataille; comme écrivain, il sera resté dans le domaine de la pensée pure, de la théorie ; comme général, sa pensée exprimée sera un acte, et un acte engageant d'une façon formidable sa responsabilité.

Un moraliste écrit cette phrase : « Un voleur est un homme méprisable, il restera dans le domaine de la pensée pure; mais qu'il dise M. X... est un homme méprisable, parce qu'il est un voleur, sa pensée prendra le caractère d'un acte et peut-être d'un acte malhonnête et condamnable, s'il est une calomnie. »

Je cherchais tout à l'heure à établir la nécessité de la protection légale pour la liberté de penser, et je prenais pour exemple le vote politique qui ne peut évidemment pas se passer de cette protection; mais le vote c'est un acte, et l'un des actes les plus graves que puisse être appelé à accomplir un citoyen.

Un homme fait un appel aux armes. D'autres hommes, fanatisés par sa parole, élèvent des barricades; peut-on dire qu'eux seuls ont agi, qu'eux seuls sont coupables et que lui, parce qu'il n'aura pas pris le fusil, qu'il sera resté tranquillement chez lui, n'aura fait qu'émettre une pensée, et qu'en conséquence il est irresponsable devant la loi? Evidemment, s'il y a crime, il est le premier à l'avoir commis; il en est tout au moins, pour parler le langage juridique, le complice.

Un capitaine, au milieu d'une mêlée, pousse le cri de sauve-qui-peut; peut-on dire qu'il n'a fait qu'exprimer une pensée innocente, et que si les soldats qui l'ont entendu abandonnent le champ de bataille, eux seuls sont coupables de leur désertion? Cela, évidemment, n'est pas soutenable une minute.

Mais il y a plus, non-seulement on peut accomplir un acte en exprimant sa pensée; mais on peut accomplir un acte, commettre un abominable crime en taisant sa pensée, lorsque, par exemple, un homme appelé comme témoin devant un tribunal peut prononcer quelques mots qui seront le salut d'un innocent et qu'il garde le silence.

J'ai donc raison de dire qu'il y a très-souvent connexion intime entre la pensée et l'action. Or, quand une pensée revet ainsi ce caractère qui en fait un acte, elle appartient à la loi comme tous les actes accomplis dans la vie sociale. La loi, aussi bien que la morale, peut l'approuver et en proclamer la légitimité; elle peut même être reprochable au point de vue de la morale et légalement innocente, mais la loi doit toujours pouvoir en connaître.

Nous verrons plus tard quelle est la portée de cette observation, lorsque nous nous trouverons en présence de certaines libertés, la liberté de la presse, la liberté d'enseignement, etc., que les théoriciens de l'absolu voudraient placer au-dessus des lois.

VII

LA LIBERTÉ DE RÉUNION ET LA LIBERTÉ D'ASSOCIATION

La loi doit favoriser la liberté de réunion sans laquelle il n'y a ni instruction, ni communication d'idées entre les hommes, ni vie publique, et qui est la condition *sine quâ non* des sociétés démocratiques.

Elle doit encore non-seulement laisser, mais assurer la plus grande latitude possible à l'exercice du droit d'association qui, seul, peut donner au travail humain son maximum de puissance.

Mais le droit de réunion, si bienfaisant qu'il soit, a besoin, pour s'exercer utilement et dans des conditions qui ne soient pas un empêchement à l'exercice d'autres droits non moins précieux, d'être soumis tout au moins à des règlements de police.

Ainsi, je suppose qu'un prédicateur quelconque s'imagine d'installer à la porte Saint-Denis ou à la porte Montmartre une tribune improvisée, que de là il harangue la foule, qu'il soit éloquent, qu'il dise même d'excellentes choses et que la foule, attirée par l'étrangeté du fait, séduite par le talent de l'orateur, devienne compacte autour de lui; si la police, voulant faire respecter sur les boulevards le droit de circulation, non moins sacré que le droit de réunion et même que le droit de penser en public, invite le prédicateur à cesser de prêcher et son auditoire à se dissoudre, est-ce que la police aura tort?

Est-ce que, d'un autre côté, la loi ne peut pas avoir à intervenir, non plus pour limiter, mais pour protéger le droit de réunion? Cela peut se voir et cela s'est vu.

Il peut se commettre dans les réunions des délits contre les personnes, il peut s'y produire des provocations au renversement des institutions, des appels aux armes; soutiendra-t-on que le gouvernement doive laisser faire, laisser passer? Il le voudrait, en s'appuyant sur je ne sais quels prétendus principes, que cela ne lui serait pas possible, sous peine de forfaire à sa principale mission qui est le maintien de la paix publique.

La liberté d'association, comme la liberté de réunion, comme toutes celles dont nous aurons à nous occuper dorénavant et qui ne peuvent s'exercer que par une action collective, dérive de la liberté individuelle. Elle en est un des modes, une des transformations. Mais elle en diffère en ce sens qu'elle suppose toujours, de la part de celui qui l'exerce, un abandonnement d'une partie de son indépendance personnelle, en vue d'une augmentation de puissance résultant de l'adjonction à ses propres forces des forces d'autrui.

Le but de l'association est ainsi toujours un accroissement de puissance, et elle est toujours en même temps une diminution de la liberté individuelle.

Cette diminution de la liberté individuelle peut être souvent fort minime, surtout quand ce n'est pas lui-même, quand ce n'est pas son travail personnel, mais seulement son capital que l'associé engage; mais elle est souvent énorme, excessive, comme dans certaines associations ayant un but politique où la vie même peut se trouver en jeu, comme surtout dans les associations religieuses où tout l'être moral de l'homme est absorbé, anéanti.

Liberté et association sont deux mots qui, accouplés, font assez mauvais ménage. Toutefois, c'est une des forces de ce monde que l'association, et s'il est à désirer qu'en se produisant elle respecte le plus possible le moi humain, elle n'en est pas moins une source féconde de richesses de tous genres. Il est donc à désirer qu'elle se constitue partout où elle peut être utile, en vue surtout de l'accomplissement des grandes œuvres scientifiques, commerciales, industrielles, qu'elle seule, en revêtant des formes diverses, peut réaliser.

Mais, précisément parce qu'elle constitue une puissance et en même temps une restriction de la liberté, sinon pour tous, du moins pour la plupart des associés, l'association relève de la loi bien plus que l'individu. Et si tous les actes de la vie individuelle appartiennent au domaine légal, les actes d'une association en ressortissent encore à bien plus juste titre, en raison de l'importance qu'ils acquièrent par suite même de ce fait qu'ils sont des actes collectifs.

C'est, du reste, une doctrine à peu près universellement acceptée que toute association, pour être valable, doit être réglée en conformité de la loi.

Tout d'abord, personne n'a songé encore, que je sache, à protester contre les dispositions du Code qui exigent, pour qu'un contrat soit valable, qu'il ne soit pas contraire aux bonnes mœurs; et il est clair que si une association ayant pour objet l'organisation du vol ou de l'assassinat se constituait ostensiblement, aucune voix ne s'élèverait pour blâmer les agents de la sûreté, s'ils ramenaient ses membres à la pratique de la vie individuelle en les soumettant aux solitaires méditations de la prison cellulaire.

Toute association doit donc avoir, de l'aveu général, une existence légale ; elle doit l'avoir pour la sécurité des associés eux-mêmes, pour la sécurité aussi des personnes avec qui ils sont en rapport d'intérêt, envers qui ils contractent des obligations, ou qu'ils font travailler.

Que le législateur modifie, en raison des conditions actuelles de l'industrie, des satisfactions légitimes à donner au travail les réglementations trop étroites du Code civil ou du Code commercial, qu'il rende l'association possible pour tous, bienfaisante pour tous, si faire se peut, ce sera justice.

Mais la loi doit toujours avoir le dernier mot, autant et plus encore, lorsqu'il s'agit des actes accomplis par des Sociétés quelles qu'elles soient, que lorsqu'il s'agit des actes de l'initiative individuelle. Ce sont là des vérités de bon sens, tellement évidentes qu'il semble que ce soit une puérilité de les énoncer ; cependant, il n'est peut-être pas mauvais de le faire, à une époque où certains mots prennent dans la bouche de quelques hommes politiques des acceptions dogmatiques, et où les idées qu'ils expriment sont présentées comme autant de principes indiscutables, absolus, dont l'application intégrale doit être exigée, parce qu'ils sont au-dessus de toute règle, au-dessus de toute loi.

C'est un de ces mots que celui de liberté d'association et un des plus décevants, quand on se place pour en réclamer l'application sur ce terrain de l'absolu qui, pas plus que le royaume du Christ, n'est de ce monde.

Il peut arriver, en effet, que l'Etat soit pleinement dans son droit, en empêchant le développement excessif de certaines associations et, au besoin, en les brisant. Il peut se produire telles ou telles circonstances dans la vie des peuples où ce soit son devoir, et son devoir impérieux de le faire, afin de garantir la liberté du travail national, afin de sauvegarder l'indépendance politique du pays et la liberté de la pensée humaine. L'Etat, quel qu'il soit, ne peut pas permettre qu'il s'élève à côté de lui des associations assez puissantes pour le tenir en échec, pour le dominer et lui imposer ses volontés.

Pour pouvoir lutter contre l'industrie étrangère, le travail national, le commerce ont besoin que la libre circulation soit assurée sur toute l'étendue du territoire aux produits français, que le transport en puisse être fait sur les canaux, sur les voies ferrées, avec le plus de célérité et au meilleur marché possible. Et c'est absolument le devoir de l'état de leur assurer cette libre circulation, et les conditions économiques de fonctionnement les meilleures possibles.

Les routes, les canaux, les chemins de fer appartiennent, en effet, nécessairement au domaine commun de la nation. Et il n'est pas admissible que des associations puissent faire de l'exploitation des grandes voies publiques un monopole et imposer au travail des tarifs exagérés qui le mettent en infériorité vis-à-vis du travail étranger. Cela est d'autant moins admissible que ces associations, constituées uniquement en vue du lucre, peuvent avoir, dans certains cas, intérêt à favoriser l'industrie étrangère au détriment de l'industrie indigène. Il est donc nécessaire, quand des associations de cette nature existent, que l'Etat puisse concourir à l'établissement de leurs tarifs, leur imposer sa volonté, et, si elles ne veulent pas s'y soumettre, qu'il puisse reprendre, en les indemnisant, ce qui est de son domaine, ce qu'il n'aurait peut-être jamais dû abandonner.

Le droit d'homologuer les tarifs lui est, en effet, réservé dans tous les traités avec les Compagnies ; mais, cependant, peut-on dire qu'il ne se trouve pas souvent obligé, plus qu'il ne conviendrait, à subir leurs exigences.

De même, dans l'ordre politique, l'Etat peut-il permettre que des associations s'organisent, et deviennent assez puissantes pour paralyser son action? Si, par exemple, comme cela a été proposé au congrès de Marseille, une association de tous les ouvriers de France pouvait se constituer en vue d'imposer au pays ses volontés, et de donner aux ouvriers, à l'exclusion de tous les autres citoyens, la direction politique et économique du pays, l'Etat, représentant de l'intérêt général, devrait, sans hésitation, en interdire la formation; mais j'ajoute que son devoir serait exactement le même, si, au lieu des ouvriers, c'étaient les paysans, les grands ou les petits propriétaires, les gros ou les petits capitalistes qui voulussent organiser de pareilles coalitions. Et ce devoir serait d'autant plus étroit pour l'Etat français en particulier, que nous sommes en République et que la France est une démocratie, où aucun intérêt de classe ou de caste ne doit pouvoir se substituer à l'intérêt général.

C'est encore la même chose dans l'ordre religieux. Là, nous nous trouvons en présence d'un fait accompli. Le catholicisme constitue, dans notre pays, une association d'une puissance énorme ayant ses chefs à l'étranger. Nous allons examiner quels sont les droits de cette association.

VIII

LA LIBERTÉ RELIGIEUSE

Si la liberté religieuse n'était qu'une des formes de la liberté de penser, si elle n'était que la liberté pour chacun de croire à sa guise, de se faire un panthéon de son choix, d'adorer un seul Dieu ou des divinités multiples, et de les honorer par un culte plus ou moins raisonnable, la loi n'aurait à intervenir que pour protéger les dieux, les cultes et les croyants. Mais la religion est, tout au contraire, l'obligation de penser d'une façon déterminée, et elle est avec la race, ce qui divise le plus les hommes. Quoique l'on ne conçoive guère que pour prier et pour adorer il faille être embrigadé ou enrégimenté, l'histoire tout entière démontre que la pensée religieuse conduit presque nécessairement à la création d'associations puissantes; et personne ne conteste, les catholiques qui s'en font gloire encore moins que les indifférents, que le catholicisme ne soit une des religions qui poussent le plus loin l'esprit de prosélytisme et de domination.

C'est pourquoi, même aux siècles où la foi a été la plus fervente, tous les gouvernements ont toujours eu à se garder contre ses entreprises; c'est pourquoi les Etats libres du monde moderne ont encore, à chaque instant, à défendre, contre ses empiètements incessamment renouvelés, l'indépendance des nations.

Le catholicisme, par son organisation incomparable, provoque mon admiration; mais en même temps, il m'épouvante, car je me demande ce que deviendrait le monde, le jour où il aurait atteint son but et asservi définitivement l'esprit humain à sa discipline et à ses dogmes.

Il n'y a qu'une puissance qui soit supérieure à la sienne, c'est celle de la science. Mais le catholicisme, qui a toujours anathématisé cette puissance, qui l'anathémise encore, mais qui l'apprécie à sa valeur, sait parfaitement, au besoin, l'employer à ses desseins et s'en faire, tout en la condamnant, *un instrumentum regni*.

S'il reconnaît, par exemple, chez des athées ou des incrédules notoires un mérite scientifique supérieur, il n'hésite pas à les introduire dans les établissements où il est le maître et à leur dire : instruisez, enseignez, je ferai tourner votre science à mon profit; vous aurez mis les jeunes hommes que je vous aurai confiés en état de lutter contre les élèves de l'enseignement laïque, et moi, je saurai si bien les enchaîner à ma cause par la reconnaissance, par la croyance ou par l'intérêt, qu'ils m'assureront l'empire.

Le catholicisme condamne la liberté de la pensée. Et cependant, c'est au nom de cette liberté qu'il aurait bien vite fait d'étouffer, s'il était le maître, qu'il revendique son droit à s'imposer aux consciences.

S'inspirant de certaines doctrines, les plus contradictoires à toute existence sociale qui aient jamais été imaginées par le désespoir et par la souffrance, le catholicisme a placé le célibat au-dessus du mariage, il a sanctifié la mortification de la chair, ce suicide pieux, il a sanctifié la bêtise humaine, *beati pauperes spiritu !* Il a, de ces doctrines, tiré son communisme, le communisme unisexuel qui est la négation même de la loi naturelle, et dont la pratique est une cause de dépopulation. Et cependant, nous le voyons aujourd'hui se constituer le défenseur de la famille !

Le catholicisme a su se faire de l'aumône et de la charité une source de richesses, et en même temps, un moyen de peser sur les consciences ; de s'assurer la clientèle des pauvres qu'il secoure et des riches qu'il sollicite, de tous ceux qui, de bonne foi, par peur de l'enfer ou par le désir d'entrer dans cette patrie céleste dont il a les clés, croient faire œuvre pie en se débarrassant à son profit du fardeau des biens de la terre, ce lourd bagage, avec lequel, assure la parole du Christ, il n'est pas possible de faire l'ascension du paradis.

Le catholicisme a établi dans son clergé séculier une hiérarchie si savante, si fortement et si habilement constituée, que de tous ses prêtres il a fait autant de soldats ; et il a élevé entre eux et le monde, au milieu duquel cependant ils vivent, une barrière si haute qu'il leur est presque impossible de la franchir pour rentrer honorablement dans la vie civile.

Et bien, cette formidable armée, toutes ces communautés religieuses que le second Empire a laissé se reformer sur notre sol, tous ces moines, toutes ces religieuses, tous ces affidés que, dans l'administration, dans l'armée, dans la magistrature, le catholicisme a réunis, enrégimentés, l'Eglise, profitant de l'incertitude qui règne, dans beaucoup d'esprits généreux, sur les conditions d'existence de la liberté, a cru le moment favorable pour les lancer à l'assaut de la société civile et pour détruire l'œuvre d'émancipation de la Révolution française.

Elle s'est associée à tous les ennemis des institutions républicaines ; elle a mis les énormes moyens d'action dont elle dispose à leur service, et c'est ainsi qu'est née en France, au-dessus des questions dynastiques, la question cléricale.

L'Eglise a si bien fait, et tout lui a si bien réussi à souhait pendant quelque temps, que dans certains esprits éblouis par la grandeur réelle du catholicisme, a dû certainement germer ce rêve : La France devenue terre papale, Paris, la capitale de l'idée révolutionnaire, devenue, à la place de Rome, la métropole du catholicisme.

Mais ce que l'Etat ne peut supporter, ni de la part des associations financières, ni de la part des associations politiques, un partage de puissance, je dis — d'accord en cela avec les patriotes de tous les temps, sans distinction de parti — qu'il ne peut pas davantage le tolérer d'une association religieuse quelle qu'elle soit, surtout alors que, comme la société catholique, elle a son siège et sa direction à l'étranger.

Si le catholicisme avait à se constituer aujourd'hui, il est hors de doute qu'aucun Etat européen n'en permettrait la formation.

Mais il existe ; l'association catholique est un legs de notre passé, et Napoléon Ier, en voulant l'asservir à ses volontés, n'a fait que resserrer le faisceau de ses forces, que lui donner plus de cohésion et de puissance.

Eh bien, est-il possible de trouver un *modus vivendi* qui permette à l'Etat de la laisser subsister à côté de lui, en usant d'une tolérance qu'il n'aurait certes pas, s'il s'agissait d'une association nouvelle qui demandât à se créer?

C'est là la véritable question qui est au fond de tous nos débats actuels, et c'est une mauvaise plaisanterie de prétendre que la liberté de conscience y soit engagée en aucune façon. C'est uniquement la liberté d'association qui est en cause, et la liberté d'association, je l'ai déjà dit, ne peut s'exercer que sous le contrôle de l'Etat et en conformité de la loi.

« Il y a des associations temporaires, a dit Daunou, et celles-là mêmes, l'Etat, lorsqu'il les juge dangereuses, peut les interdire. Mais les congrégations, qui ont une durée perpétuelle, forment une société dans la société ; l'Etat se détruirait lui-même, s'il les tolérait. »

L'Etat, tenant compte du fait accompli, peut-il, sans aller jusqu'au bout du principe posé par Daunou, maintenir son autorité en laissant subsister l'association catholique? Je le souhaite, mais je ne le crois pas. Je désire que les deux décrets du 29 mars lui donnent une force suffisante pour faire respecter les droits de la société civile, jusqu'au jour où l'instruction, répandue à flots par des mains laïques, aura fait son œuvre; mais j'estime que de toutes les dispositions législatives sur lesquelles ces décrets s'appuient, une seule était à retenir, c'est celle de la loi des 13-19 février 1790, qui interdit en France « les vœux monastiques solennels des personnes de l'un et de l'autre sexe, et en conséquence, ordonne la suppression des ordres et congrégations réguliers, sans qu'il puisse en être établi de semblables à l'avenir. »

Cependant, si la remise en vigueur de la législature concordataire, si l'application persévérante et continue des lois existantes et des décrets du 29 mars ne fournissaient pas à l'Etat des moyens suffisants d'action, que faudrait-il qu'il fît?

La séparation de l'Eglise et de l'Etat apporterait-elle à la liberté de conscience, à la société civile et à la patrie une protection plus assurée? Je ne le pense pas.

La séparation de l'Eglise et de l'Etat aurait pour première conséquence l'indépendance absolue de l'Eglise, et, par conséquent, la constitution, à côté de l'état laïque, d'un état théocratique aussi puissant que lui. Ce ne serait donc pas une sauvegarde. Et tout en permettant, en vertu du principe de la liberté d'association, aux communautés qui accepteraient de se soumettre aux principes de notre droit civil, de se constituer et de vivre, il faudrait, même sous le régime de la séparation de l'Eglise et de l'Etat, leur interdire expressément de former des congrégations et des ordres, de s'enrégimenter et de se syndiquer. Il faudrait, de plus, sinon briser, du moins singulièrement desserrer les liens de la hiérarchie sacerdotale, en enlevant aux évêques le pouvoir despotique que le Concordat leur confie sur les prêtres des campagnes, et en assurant à ceux-ci l'indépendance de la vie civile.

IX

LA LIBERTÉ D'ENSEIGNEMENT

La connexité de la question de la liberté d'enseignement, avec celle de la liberté religieuse, est évidente.

Jamais la question de la liberté d'enseignement n'eût été soulevée en France, si le catholicisme ne l'avait prise en mains pour s'en faire une arme de combat contre la société civile; et, à coup sûr, s'il n'avait pas été là pour revendiquer, au nom de cette liberté de penser dont il est le pire ennemi, le droit d'enseigner à sa façon les jeunes générations, personne ne se fût trouvé dans notre pays pour contester les droits de l'Etat.

Non-seulement personne ne les eût contestés, mais tous les hommes de progrès et de liberté se seraient unis pour stimuler l'Etat, pour l'aider dans la tâche de l'éducation nationale; mais tous ceux qui ont souci de l'instruction publique, tous ceux qui, voulant assurer au peuple la direction de ses destinées, veulent en même temps qu'il soit digne de la liberté, et qu'il sache intelligemment exercer sa souveraineté, tous ces hommes et les républicains, tous les premiers, auraient poussé l'Etat à prendre la direction de l'enseignement, à élever partout des écoles, à multiplier les cours, à élever les enfants de la France dans l'amour de la patrie et dans l'obéissance à ses lois.

Qu'il me soit permis de citer une page du beau livre de M. Fustel de Coulanges : *La Cité antique*, où l'auteur expose en quelques lignes les idées des républiques de l'antiquité sur les droits et les devoirs de l'Etat, en matière d'instruction publique.

« Il s'en fallait de beaucoup, dit l'éminent écrivain, que l'éducation fût libre chez les Grecs. Il n'y avait rien, au contraire, où l'Etat tînt davantage à être maître. A Sparte, le père n'avait aucun droit sur l'éducation de son enfant. La loi paraît avoir été moins rigoureuse à Athènes ; encore la cité faisait-elle en sorte que l'éducation fût commune sous des maîtres choisis par elle. Aristophane, dans un passage éloquent, nous montre les enfants d'Athènes se rendant à leurs écoles en ordre, distribués par quartier ; ils marchent en rangs serrés, par la pluie, par la neige, ou au grand soleil ; ces enfants semblent déjà comprendre que c'est un devoir civique qu'ils remplissent. L'Etat voulait diriger seul l'éducation, et Platon dit le motif de cette exigence : « Les parents ne doivent pas être libres d'envoyer ou de ne pas envoyer leurs enfants chez les maîtres que la cité a choisis, car les enfants sont moins à leurs parents qu'à la cité. » L'état considérait le corps et l'âme de chaque citoyen comme lui appartenant, aussi voulait-il façonner cette âme et ce corps pour en tirer le meilleur parti. Il lui enseignait la gymnastique, parce que le corps de l'homme était une arme pour la cité, et qu'il fallait que cette arme fut aussi forte et aussi maniable que possible. »

. . . .

« On reconnaissait à l'Etat le droit d'empêcher qu'il y eût un enseignement libre à côté du sien.... »

. . . .

« La funeste maxime que le salut de l'Etat est la loi suprême a été formulée par l'antiquité. On pensait que le droit, la justice, la morale, tout devait céder devant l'intérêt de la patrie. »

N'en déplaise à M. Fustel de Coulanges, c'est l'antiquité qui avait raison contre lui. La doctrine du salut public n'est pas une doctrine qu'on puisse répudier à sa guise au nom de tel ou tel principe plus ou moins inflexible ; elle est une doctrine nécessaire, ou bien il faut rayer du dictionnaire français et du dictionnaire de tous les peuples civilisés le mot de patrie.

Sans doute, à certaines heures néfastes, elle peut imposer aux citoyens d'effrayants sacrifices, et c'est pour assurer le salut de la patrie que se font, sur les champs de bataille où les nationalités sont aux prises, de sanglantes hétacombes humaines.

Mais, si la doctrine du salut public peut revêtir par la nécessité des circonstances un caractère implacable, elle n'en est pas moins la doctrine de conservation par excellence. C'est seulement, en effet, en se plaçant sur le terrain de la conservation de la patrie qu'on peut échapper aux dangers des théories excessives et, notamment, de cette utopie anti-sociale de la liberté absolue dont la conclusion logique est l'anarchie universelle.

Et, d'ailleurs, dans les temps prospères, alors que les nations vivent en paix avec elles-mêmes et avec leurs voisins, qu'a-t-elle donc de si effrayant ? Elle n'exige, après tout, des membres de la cité, que le respect de la loi ; et rien n'empêche, lorsque le danger de la patrie n'impose pas à la nation une discipline rigoureuse, que la loi ne soit fort douce et se borne à la protection des droits de chacun.

Or, s'il est en politique un domaine sur lequel le droit de l'Etat soit indéniable, c'est celui de l'enseignement, et Platon a mille fois raison quand il dit « que les enfants sont moins à leurs parents qu'à la cité. »

Ces enfants, dont il s'agit de faire l'éducation, c'est à eux, en effet, alors que leurs pères auront vécu, que seront un jour confiées les destinées de la patrie. Et l'Etat, qui aura le droit de les envoyer se faire tuer pour sa défense dans les combats, n'aurait pas le droit, n'aurait pas le devoir de veiller à ce que l'éducation qui leur sera donnée en fasse des hommes forts, intelligents et animés de vertus civiques?

Est-ce qu'il peut être indifférent pour la cité que ses fils soient élevés de manière à devenir un jour pour elle une cause de désordre, de trouble ou de ruine ?

Mais, dans les Etats démocratiques, chez les peuples civilisés, c'est, évidemment pour les gouvernants, le premier de tous les devoirs que le développement de l'instruction publique, que la préparation des grandeurs futures de la patrie par l'éducation des jeunes générations. Et le droit de la patrie est incontestable.

Quelle est maintenant la situation des pères de famille vis-à-vis de leurs enfants? Ont-ils des droits sur eux?

D'après le droit primitif de Rome, l'enfant était pour son père une propriété.

Mais le droit de propriété de l'homme sur

l'homme est absolument condamné par la morale des nations modernes, et encore plus peut-être le droit de propriété du père sur l'enfant que celui du maître sur l'esclave.

En face de l'enfant qui naît, le père n'a absolument que des devoirs. Cet enfant, il n'a pas demandé la vie; et le père, à qui il doit de compter dans l'humanité, peut lui avoir fait souvent un triste cadeau.

Des droits, le père pourra en avoir plus tard vis-à-vis de lui, quand son amour paternel l'aura protégé, entouré de tous les soins, de tous les dévouements. Mais, au jour de sa naissance, il n'a, je le répète, vis-à-vis de lui, que des devoirs.

Au contraire, l'enfant a des droits vis-à-vis de son père, et la patrie, en l'acceptant comme un de ses membres, contracte, de son côté, des devoirs envers lui.

Et cependant, de cette situation singulière de l'enfant vis-à-vis de sa famille et de sa patrie, dans les discussions interminables auxquels donne lieu la liberté d'enseignement, personne aujourd'hui ne tient compte!

On se querelle pour savoir si le droit d'enseigner doit ou non être libre, et on ne s'inquiète pas du tout du droit de ceux pour qui tout enseignement doit être fait.

La vérité, sur la question, la voici : L'enfant

a droit à une éducation qui lui permette de vivre dans le milieu où il est né; il a des droits vis-à-vis de son père, vis-à-vis de sa patrie.

La patrie a des droits et des devoirs vis-à-vis de l'enfant; le père, au début de sa vie, n'a envers lui que des devoirs.

Quant à l'Eglise, elle n'a, vis-à-vis de l'enfant ni droits, ni devoirs, et c'est par une usurpation singulière sur la conscience humaine qu'aujourd'hui, par le baptême, on fait de nous des chrétiens et des catholiques sans le savoir.

J'admets cependant, si l'on veut, et quoique la logique ait à en souffrir, que le père, croyant remplir son devoir envers son fils, ait le droit d'en faire un catholique inconscient; j'admets qu'ensuite il ait le droit de préférer pour lui l'éducation dans une maison dirigée par des prêtres et où la casuistique des jésuites soit enseignée; mais, même si ces droits lui sont reconnus, celui qu'a l'Etat de veiller sur l'éducation qu'il lui fait donner, de s'assurer que ni l'enfant, ni la patrie n'en subissent aucun dommage, n'en subsiste pas moins.

Le droit d'enseigner ne peut être reconnu à l'Eglise en tant qu'Eglise et parce que Eglise. Des associations de prêtres peuvent enseigner si l'Etat le permet, mais en se soumettant à sa direction; et — les Grecs avaient raison — l'Etat a pleinement le droit d'empêcher qu'il n'y ait un enseignement libre à côté du sien.

Que, se souvenant de la maxime romaine : *summum jus, summum injuria*, il mette des tempéraments dans l'exercice de son droit, qu'il borne, s'il le juge à propos, cet exercice à une surveillance, rien de plus acceptable dans les sociétés modernes où la vie n'est plus enfermée dans un cercle aussi étroit que dans les petites républiques de l'antiquité ; mais le droit existe, ou bien, encore une fois, il faut nier la patrie.

Quant à la dispute actuelle sur la liberté d'enseignement, ce n'est qu'une querelle de ménage entre l'Etat et l'Eglise, une querelle, dans laquelle l'Eglise a tous les torts, parce que ses revendications ne sont fondées sur aucun droit.

Et la patrie se trouve placée, en face de l'Eglise, en état de légitime défense, non pas à cause des idées religieuses ou du système théocratique qu'elle représente ; mais encore une fois, parce qu'elle est une association d'une puissance énorme dont l'existence ne peut pas être tolérée dans une Société bien ordonnée ; et, qui pis est, parce qu'elle est une association dont la direction suprême est à Rome, dans des mains étrangères.

X

LA LIBERTÉ DE LA PRESSE

La presse est assurément l'instrument le plus puissant des manifestations extérieures de la pensée humaine.

La presse a deux agents principaux, le livre et le journal.

Le livre est une œuvre essentiellement personnelle. Le journal, au contraire, même alors qu'une grande individualité y prédomine, est une œuvre collective ; et, à cette œuvre, sont presque nécessairement associés des intérêts financiers et des intérêts de parti.

La presse, comme toutes les puissances, peut être bienfaisante ou nuisible ; elle est le plus souvent bienfaisante : elle instruit, elle éclaire, elle provoque les réformes utiles ; elle montre aux gouvernements les écueils à éviter, la route à suivre ; elle avertit les peuples des périls où l'imprudence, l'inertie, l'insuffisance ou la déloyauté des gouvernements peuvent les entraîner ; et ce serait la puissance la plus grande qui fut au monde, si elle n'était pas

fatalement, et je dirais volontiers, heureuse-
ment divisée contre elle-même ; si elle n'était
pas, comme la pensée humaine, singulièrement
ondoyante et diverse.

La presse doit être libre, car son existence est
la garantie la plus sérieuse du maintien de
toutes les autres libertés ; mais il faut cependant
s'entendre sur la portée de ce grand mot : la liberté de la presse, dont on a fait une sorte de
dogme et qui, pris dans son sens absolu, ne serait pour les journalistes qu'un monstrueux
privilège, offensant pour la justice et souvent
dangereux, non-seulement pour les gouvernements, mais pour la patrie elle-même.

Il n'y a pas, encore une fois, de Société ou la
liberté puisse exister autrement que réglée par
des lois. Eh bien ! qui dit liberté absolue de la
presse, dit assurément liberté de la presse
placée au-dessus des lois, irrépressible, inacces-
sible non-seulement à l'action gouvernementale, mais à l'action de la justice. Et c'est ainsi,
en effet, que l'entendent certains écrivains
qui soutiennent cette thèse incroyable pour
deux motifs : d'abord, en se fondant sur le droit
individuel, en confondant la liberté de la presse
avec la liberté de la pensée, en oubliant que le
plus souvent se livrer à des polémiques de
parti, écrire dans un journal, c'est agir ; en second lieu, en réclamant pour la presse le béné-

fice d'une prétendue impuissance qui est bien la plus extraordinaire contre-vérité que des hommes de bonne foi aient jamais soutenue.

Montrons d'abord par quelques exemples comment, au nom de l'intérêt supérieur de la patrie, la liberté de la presse peut et doit être, dans certains cas, non-seulement délimitée, mais même supprimée.

Je suppose que la France soit en guerre avec une puissance étrangère, que des ouvrages de défense soient élevés pour empêcher une invasion, ou que des préparatifs soient faits sur un point donné pour en préparer une sur le territoire ennemi, que des corps d'armée soient concentrés en vue de frapper un grand coup d'où dépendra tout le sort d'une campagne, dont l'insuccès serait pour la France la cause des plus grands désastres, évidemment, l'homme qui livrerait à l'ennemi le secret des opérations de nos généraux serait coupable, et la loi aurait à connaître de son crime.

Qu'au lieu de trahir ce secret dans une conversation particulière ou par une correspondance privée, un journaliste effectue cette trahison au grand jour, dans une feuille publique tirée à cent, deux cent mille exemplaires, adressés *urbi et orbi*, est-ce qu'il cessera d'être coupable, sous prétexte que la liberté de la presse est de droit absolu ?

Soutenir qu'il faudrait le laisser impuni serait chose tellement monstrueuse que personne, certainement, n'oserait le faire. Et j'affirme, quant à moi, que, dans une place assiégée, c'est le devoir étroit du gouverneur d'empêcher dans les journaux la publication de tout article pouvant renseigner les assiégeants sur l'état réel de l'armement, des approvisionnements, sur la situation morale de la population et des troupes qui la défendent, comme aussi d'interdire l'entrée dans la ville assiégée de toute nouvelle du dehors pouvant amener la démoralisation dans les esprits.

L'article 80 du Code pénal est ainsi conçu :

« Sera puni des peines exprimées en l'article 76 (la mort) tout fonctionnaire public, tout agent ou *toute autre personne* qui, chargée ou instruite officiellement, ou à raison de son état du secret d'une négociation ou d'une expédition, l'aura livré aux agents d'une puissance étrangère à l'ennemi. »

Est-ce que si cette *autre personne* est un journaliste, et qu'il livre ce secret par la voie de la presse, il devra échapper à la vindicte des lois ?

L'article 81 dit à son tour :

« Tout fonctionnaire public, tout agent, tout préposé du gouvernement chargé, à raison de ses fonctions, du dépôt des plans des fortifications, arsenaux, ports ou rades, qui aura livré ces plans ou l'un de ces plans à l'ennemi ou aux autres agents de l'ennemi, sera puni de mort.

« Il sera puni de la détention, s'il a livré ces plans aux agents d'une puissance étrangère, neutre ou alliée. »

Et l'article 82 :

« Toute autre personne qui, étant parvenue par corruption, fraude ou violence, à soustraire lesdits plans, les aura livrés ou à l'ennemi ou aux autres agents d'une puissance étrangère, sera punie comme le fonctionnaire ou agent mentionné dans l'article précédent et selon les distinctions qui y sont établies.

« Si lesdits plans se trouvaient, sans le préalable emploi de mauvaises voies, entre les mains de la personne qui les a livrés, la peine sera, au premier cas, mentionnée dans l'article 81, la déportation.

« Et, au second cas du même article, un emprisonnement de deux à cinq ans. »

Dira-t-on que ces articles cessent d'être applicables aux crimes qui y sont visés, lorsque ceux-ci sont commis par la voie de la presse ? Et si un journal, réussissant à se procurer les plans d'une des forteresses récemment construites sur nos frontières de l'Est, publiait ces plans, est-ce que le gouvernement, est-ce que la loi seraient désarmés contre lui ?

La liberté de la presse trouve donc, dans l'intérêt de la patrie, une première limitation.

Mais la justice, j'entends par là le respect des droits d'autrui, est-ce qu'elle ne lui en impose pas aussi de tellement nécessaires, que ce serait attenter à la liberté de ne pas les fixer par la loi ?

Quoi! la loi punit l'outrage, l'injure, la menace, la calomnie, même la diffamation; et parce qu'au lieu de se produire par la parole devant un cercle restreint d'auditeurs, l'outrage, l'injure, la menace, la calomnie, la diffamation se seront produits par la voie d'un livre ou d'un journal, qu'ils auront été répandus dans le monde entier à des milliers d'exemplaires, ils ne seront passibles d'aucune répression; et il sera ainsi reconnu, à quiconque pourra avoir un journal à sa disposition, une sorte de droit divin de la calomnie ou de l'injure! Est-ce que cela est un seul instant soutenable ?

On répond : Sans doute, quiconque calomnie, quiconque injurie, que ce soit par la voie de la presse ou autrement, est blâmable au point de vue moral; mais, d'une part, la presse est impuissante, par conséquent la calomnie dans les colonnes d'un journal ne peut pas nuire à celui qui est calomnié; et, d'autre part, tout procès intenté devant la justice, même alors qu'il est suivi d'une condamnation du calomniateur, ne fait que donner plus de retentissement à la calomnie et qu'augmenter le mal tout à fait insignifiant dont elle a été l'origine. Et l'on conclut, non-seulement à l'inutilité, mais à la nocuité de la répression, à l'impuissance de la loi — car l'impuissance universelle est la base de tout ce système — bien plus, au danger de son intervention, à la suppression de toute protection légale, contre les excès de la presse.

Tout d'abord, je dirai qu'accuser la presse d'impuissance, c'est singulièrement la calomnier.

Mais, ensuite, sur la question de savoir si la diffamation, si l'injure ne méritent d'autre répression que celle du mépris ou du dédain, ou exigent l'éclatante réparation qui résulte d'un arrêt rendu du haut d'un tribunal, qui donc peut être juge, sinon la personne diffamée ou injuriée ?

Et quand cette personne, estimant qu'il y va de son intérêt, de son honneur de l'obtenir, voudra s'adresser à la justice de son pays, la justice serait obligée de lui répondre : cela ne me regarde pas, la presse est au-dessus de moi, au-dessus de la loi !

Oh ! je sais bien qu'à la calomnie ou à l'insulte, la réponse la plus sage à faire est souvent le mépris et le dédain : et Jésus-Christ l'a bien prouvé, lui qui, souffleté, tendait l'autre joue, puisque, pour cet excès de mansuétude, on l'admire depuis dix-huit cents ans; mais l'humilité divine de Jésus-Christ n'est pas à la portée de tout le monde!

Il peut arriver qu'un millionnaire honnête homme, accusé d'avoir volé cent sous dans la poche de son voisin, puisse se contenter de hausser les épaules et de laisser dire; mais si une accusation semblable est portée par la voie d'un journal contre un honnête homme sans sou ni maille, contre qui sa misère peut être un commencement de témoignage, qui, à la suite de cet accusation, pourra être soupçonné, incriminé, incarcéré préventivement, est-ce que ce pauvre diable ne pourra pas très-légitimement estimer qu'il a droit à une réparation judiciaire? Est-ce que la loi pourra la lui refuser; est-ce qu'il est possible d'admettre que, dans un État bien ordonné, il n'existe pas de loi qui lui permette de l'obtenir?

La liberté de la presse doit donc avoir une seconde limitation dans le respect du droit d'autrui, et cette limitation, il est impossible que la loi ne la fixe pas.

Vient maintenant une question plus délicate et plus embarrassante à trancher : Un gouvernement a-t-il le droit de se défendre contre les excès de la presse?

La solution de cette question n'est pas facile, car elle est compliquée d'un point de fait qui se pose immédiatement, surtout dans les temps troublés, dans ceux où le principe du gouver-, nement ou la forme constitutionnelle elle-même sont contestés.

Ce point de fait, c'est celui-ci : la nécessité où se trouvent tous les hommes d'Etat, si libéraux qu'ils soient, de faire respecter le pouvoir, afin de garantir contre toute atteinte, non pas leurs personnes, mais la Constitution dont ils ont la garde.

C'est une nécessité si grande qu'aucun n'y échappe; et nous en avons vu souvent de fort embarrassés pour mettre les actes auxquels les condamnait leur situation d'hommes de gouvernement, avec ce fameux principe de la liberté illimitée de la presse dont ils avaient proclamé l'excellence quand ils étaient de l'opposition.

Politiquement, il est donc très-difficile de ne pas en tenir grand compte. Il est impossible, en effet, d'imaginer un gouvernement assez débonnaire pour consentir à recevoir des horions, sans chercher au moins à parer les coups ; à n'être, en réalité, qu'une cible sur laquelle on vise de tous les côtés, sans qu'il finisse par trouver que cette fonction de cible, auquel les principes le condamnent, est absolument intolérable. Cela est d'autant plus difficile qu'un gouvernement a besoin d'inspirer le respect, et que, si amis de la liberté de la presse que soient les Français, ils ne seraient pas long-temps à trouver, pour peu que cela durât, qu'une cible ne réalise pas l'idéal du meilleur des gouvernements.

Le mieux à faire est donc d'accorder aux gouvernements le droit de défense, en l'enfermant dans des limites légales; car, si on ne le leur accorde pas, il arrivera certainement un moment où ils le prendront, en vertu d'un principe supérieur, quoi qu'on fasse, à tous les autres, celui de la lutte pour l'existence.

Mais si, de fait, l'obligation s'impose aux gouvernements de défendre, par les voies légales, la Constitution dont ils ont la garde, est-ce qu'à la nécessité du fait ne s'ajoute pas la légitimité du droit? Je n'hésite pas à dire que ce droit n'appartient pas aux gouvernements fondés sur la violence ou sur la ruse, établis par un coup de force, ou en vertu des prétentions d'une famille; mais qu'il existe essentiellement, complètement, pour les gouvernements fondés sur le consentement universel, et qui, s'appuyant sur la volonté de la majorité des citoyens, n'agissant, soit dans la confection, soit dans l'application des lois, qu'en vertu d'un mandat représentatif, sont l'expression directe de la volonté nationale, et ont pour base le seul droit que la France puisse reconnaître aujourd'hui, le droit humain.

Oui, le gouvernement républicain a le droit de faire respecter la Constitution républicaine du pays, et, en vertu de ce droit, d'interdire à la presse les attaques contre cette Constitution.

Chose étrange, il est le seul auquel on puisse accorder logiquement, en vertu de son origine et parce qu'il est le seul gouvernement vraiment légitime, un droit réel à réprimer les excès de la presse, et il est le seul, dans la pratique des choses auquel on le refuse! Les autres ne s'inquiètent même pas si on veut le leur accorder, ils le prennent.

Mais, si le droit existe, comment faut-il en user?

L'exercice de ce droit n'est, de la part des gouvernements qui en sont investis, qu'une question d'intelligence, de tact et de mesure.

Souvent, en effet, le mépris que le gouvernement fait des attaques auxquelles il est en butte, et même des attaques dirigées contre la Constitution, en vertu duquel il est constitué, est, de sa part, une preuve de force.

A quoi bon demander des répressions à la justice contre un adversaire, quand cet adversaire est tellement déconsidéré, tellement abandonné par l'opinion publique, que les violences ou les perfidies de son langage ne font que rendre plus profond encore le dédain dont il est l'objet.

Mais, si ces attaques sont de nature à troubler la paix publique, le gouvernement doit pouvoir y mettre un terme, et il est nécessaire, pour qu'il puisse le faire, que la loi, à laquelle il doit plus que personne dans l'Etat être soumis, l'y autorise et même l'y oblige.

Les partisans de la liberté absolue s'extasient sur l'état de béatitude dans lequel vivrait un gouvernement à qui la loi imposerait le devoir de laisser tout faire et tout dire autour de lui, sans jamais s'en préoccuper. Sans doute, cela simplifierait singulièrement son rôle; un journal ferait-il un appel aux armes et son inaction, en présence d'un acte aussi grave, faisant l'objet d'une interpellation dans les Chambres, le cabinet n'aurait qu'à répondre, il devrait répondre : Que voulez-vous que j'y fasse, cela ne me regarde pas, la presse est libre !

Si une vaste association politique se formait sous ses yeux en vue de constituer un gouvernement nouveau, à qui lui demanderait compte de son impassibilité, il devrait répondre : Cela ne me regarde pas, le droit d'association est absolu ?

Mais serait-ce un gouvernement ? Le pays, à coup sûr, ne serait pas longtemps à demander qu'on lui rendit César.

Que doit donc être, en réalité, la liberté de la presse ?

La suppression de toutes les entraves au droit d'écrire ; le droit pour chacun d'exprimer librement sa pensée, par le livre ou par le journal, mais sous la responsabilité, devant la loi, des écrivains et des directeurs de journaux.

XI

LA LIBERTÉ COMMERCIALE ET LA PROTECTION

La liberté commerciale est essentiellement une liberté d'ordre international.

Si l'humanité ne formait qu'un seul peuple, sans distinction de races, et que les diverses patries humaines ne fussent que les provinces d'une république cosmique, on comprendrait qu'entre ces provinces la liberté des échanges fût absolue ; et encore, chacune de ces provinces devrait-elle incessamment veiller à assurer son existence propre, individuelle en quelque sorte, de manière à ne pas avoir trop à compter sur les autres, et à ne jamais avoir besoin pour vivre de se fier dans le bon vouloir du reste du monde.

Mais la grande utopie de l'unité nationale du genre humain n'est pas près, que nous sachions, de se réaliser ; l'humanité n'est pas encore sur le point de constituer un seul peuple, et chacune des grandes nations — c'est surtout des plus grandes et des plus avancées en civilisation que j'entends parler — qui vivent sur le globe, forment de petites humanités distinctes qui ne doivent pas, qui ne peuvent pas vivre dans un isolement absolu, mais qui seront toujours d'autant plus fortes, d'autant plus maîtresses de leurs destinées, qu'elles sauront trouver sur le sol de la patrie les moyens de subsister sans avoir besoin des secours d'autrui.

Cela étant, il n'est pas difficile de voir que le principe de libre-échange, pris au sens absolu du mot, est en contradiction complète avec les nécessités de l'existence nationale.

Que disent, en effet, les libre-échangistes? Qu'il est absurde d'élever des barrières artificielles entre les nations; et qu'il faut que chacune d'elles ouvre ses portes toutes grandes aux produits étrangers, alors même que l'invasion de ces produits aurait pour conséquence inévitable la suppression de certaines industries, cette suppression devant trouver sa compensation dans le développement que le commerce d'exportation assurera à celles qui auront un caractère véritablement national.

Eh bien, si une nation est ainsi faite, si le sol sur lequel elle vit est ainsi constitué, qu'aucune industrie ne puisse s'y produire que dans des conditions d'infériorité par rapport à celles de nations mieux douées, placées sous un climat plus favorable, en possession d'un sol plus riche, faudra-t-il que cette nation laisse ses industries, laisse son agriculture disparaître, écrasées par la concurrence que viendront faire sur son propre marché, à leurs produits, les industries supérieures de l'étranger ?

Mais, avec quoi cette nation se procurera-t-elle ces denrées exotiques qui lui seront devenues indispensables, quand elle aura laissé s'anéantir et les industries et l'agriculture qu'elle possédait et qui, malgré leur infériorité, avaient, du moins, le mérite d'assurer son existence, de garantir son indépendance ?

Il est clair que, pour cette nation, le libre-échange absolu, loin d'être une panacée, sera une maladie mortelle.

Dira-t-on qu'il n'existe pas de nations dans ces conditions, et qu'il ne peut pas en exister ? A cela, je répondrai que, dans une certaine mesure, c'est le cas de la France.

Notre patrie est certainement, de toutes les contrées du monde, l'une de celles que la nature a le mieux aménagées pour être l'habitat d'un grand peuple, mais il ne faut pas cependant se faire d'illusion sur la puissance de notre production.

Comme l'Angleterre, comme l'Allemagne, nous avons le fer et la houille, mais nous n'avons le fer et la houille que dans des conditions d'extraction bien moins faciles ; et notre infériorité sous ce rapport est si grande, que malgré là protection de tarifs douaniers assez élevés, nos filateurs de Normandie et même nos industriels du Pas-de-Calais, trouvent avantage à faire venir leur charbon d'Angleterre, que nos industriels de l'Est tirent le leur du bassin de la Rühr et de la Westphalie.

De même nos filateurs sont obligés de faire venir leurs broches des usines d'Oldham, et il n'existe plus en France de mécaniciens qui puissent en construire.

Au point de vue agricole, notre production peut, en temps ordinaire, largement suffire aux besoins de notre population, en laissant même des excédants ; et il est certain qu'avec des méthodes et un outillage plus perfectionnés, son importance pourrait dépasser annuellement 130 millions d'hectolitres.

Mais il n'est pas douteux non plus que, dans les conditions actuelles, il nous est impossible de lutter, au point de vue du bon marché, avec l'Amérique du Nord, avec la Russie méridionale.

Nos lins sont les plus beaux du monde, mais, en présence de l'extrême bas prix auxquels les lins de Russie et des Indes arrivent sur nos marchés, la culture en disparaît de plus en plus en France.

Notre production du bétail est menacée par la concurrence américaine, par l'introduction possible, à bref délai, dans notre pays, de

bœufs d'Amérique en quantités considérables ;
déjà la production du mouton, en France, est
descendue de 34 millions à 24 millions de têtes,
et la production du porc diminue de plus en
plus.

Est-ce à dire qu'il faille interdire aujourd'hui
même ou du moins entraver, dans une certaine
mesure, l'introduction en France des blés
étrangers, du bétail américain, etc. ?

Personne ne peut y songer, mais si notre industrie minière, si nos filatures, si notre agriculture, etc., etc., étaient en danger de disparaître, non pas en raison de leur impossibilité
d'exister, mais parce qu'elles ne pourraient, ni
au dehors, ni sur notre marché, en raison des
conditions de cherté de la production, lutter
contre les industries simulaires de l'étranger, il
faudrait pourtant bien aviser, sous peine de
voir la France disparaître avec elles.

D'un autre côté, est-il juste de dire que la
protection soit toujours sans efficacité pour le
développement de la richesse des nations et
pour la création des industries nouvelles dont
un grand pays peut avoir besoin ?

L'exemple que nous donnent aujourd'hui les
Etats-Unis est la preuve irréfutable du contraire.

Les Américains du Nord étaient, il y a quelques années à peine, tributaires de l'Europe et
surtout de l'Angleterre, pour tous les produits

manufacturés, les cuirs, les tissus, les machines, etc. Ils ont fermé leurs ports au commerce extérieur, établi partout des tarifs, non-seulemement de protection, mais de prohibition, et ils ont ainsi créé, de toutes pièces, une formidable industrie qui vient faire concurrence au commerce anglais jusqu'en Angleterre.

Que cette industrie puisse souffrir aujourd'hui, c'est fort possible, mais elle n'en existe pas moins et elle vivra. Elle grandira dans des proportions que nul ne peut prévoir : si bien qu'à la suite de cet exemple donné par les Etats-Unis, tous les pays qui cherchent à développer chez eux le travail national, la Russie, l'Italie, l'Allemagne, le Canada, les Indes elles-mêmes, ont recours à la protection ; et que la crise dont souffrent les pays qui vivent surtout du commerce et de l'exportation, l'Angleterre, plus que toutes les autres, provient précisément de ce phénomène nouveau dans le monde économique, de la transformation sous le couvert de la protection, en pays d'industrie, de tous ces États qui, jusqu'ici, étaient demeurés exclusivement producteurs de matières premières.

La protection peut donc être utile pour conserver à un pays des industries dont l'existence lui importe ; elle peut l'être également pour favoriser le développement de nouvelles industries qui, si elles n'étaient pas assurées à leur début de la possession du marché national, ne pourraient pas même essayer de se produire ; elle peut l'être pour empêcher de trop grandes crises dans le monde du travail ; mais en résulte-t-il que la protection soit un principe, qu'elle soit de droit, et qu'il faille que l'Etat protège, quand même, toutes les industries qui prospèrent ou végètent dans un pays ? La protection est encore bien moins un principe que le libre-échange, la protection n'est qu'un expédient, parfois utile, mais auquel il faut avoir recours le moins possible.

Et ce contre quoi je m'élève ici, c'est contre l'abus de ces grands mots dont on ne se sert le plus souvent que pour masquer des intérêts contradictoires, et qui sont si bien de grands mots, mais rien que des mots, qu'ils n'ont aucune corrélation réelle, aucun rapport avec les revendications de ceux qui les emploient, et pour lesquels il semblerait cependant qu'ils sont paroles d'évangile.

Est-ce que les plus ardents de nos libre-échangistes réclament le libre-échange véritable, c'est-à-dire la suppression absolue des douanes ? Je ne sais vraiment pas s'il en est un seul qui, dans les circonstances actuelles, oserait le faire ; et il me souvient d'avoir entendu l'un des plus résolus parmi eux reconnaître, devant la Commission des douanes, que c'était à la protection relativement faible dont elle jouit que l'industrie française doit aujourd'hui d'être la moins éprouvée de toutes les industries du monde.

Que réclament-ils en réalité? La conclusion des traités de commerce. Mais le régime des traités, c'est tout le contraire du libre-échange, c'est la création, par voie diplomatique, d'une législation internationale, et pas autre chose.

Quant aux protectionnistes, la plupart demandent que les nations se réservent la faculté d'être toujours maîtresses de rehausser leurs tarifs; mais, si une nation est maîtresse, à un moment donné, de rehausser ses tarifs, elle sera, par la même raison, maîtresse de les abaisser, voire même de les supprimer dans le cas où elle reconnaîtrait que la protection est funeste ou seulement qu'elle est inutile.

Quels sont donc les principes engagés dans toutes ces questions? Je n'y puis voir que des intérêts en présence. Je reconnais parfaitement que ces intérêts ont, à des degrés divers, leur légitimité, et qu'il est du devoir des législateurs d'en tenir grand compte; mais j'estime que l'homme d'état dont le principal, pour ne pas dire l'unique objectif, doit être la prospérité de la patrie, ne doit être ni libre-échangiste, ni protectionniste; et s'il m'est, en finissant ce chapitre, permis d'exprimer ma pensée par un barbarisme, je dirai qu'il doit être, partout et toujours, nationaliste.

J'ajouterai qu'à mon sens, les traités qui constituent, je le répète, une sorte de législation internationale, sont encore le meilleur moyen qu'on puisse employer pour assurer au commerce la sécurité dont il a besoin.

LIVRE DEUXIÈME

QUESTIONS CONSTITUTIONNELLES

I

LA PATRIE ET LES DIVERSES FORMES
DE GOUVERNEMENT

Aristote, après Platon, reconnaît trois formes de gouvernements : la monarchie, l'aristocratie et la démocratie.

Il y a, dit également Montesquieu, trois espèces de gouvernements : le républicain, le monarchique et le despotique.

Qui a raison, ou qui a tort, de Platon et d'Aristote, ou de Montesquieu ? Sans aucun doute, quoique venu le dernier, c'est Montesquieu qui se trompe, car le despotisme n'est pas une espèce particulière de gouvernement. Il y a des monarchies despotiques ; et, sous le régime républicain, le despotisme peut se produire, celui, par exemple, d'une caste ou d'une assemblée.

Quant à la division aristotélienne, il suffit, pour la rendre tout à fait juste, de la modifier en y substituant au mot d'aristocratie le mot d'oligarchie, car il ne peut y avoir, cela est de toute évidence, d'autres formes de gouvernement que celles-ci : le gouvernement d'un seul, le gouvernement de plusieurs, le gouvernement de tous. Et l'aristocratie, non plus que le despotisme, à moins d'en faire, ce qui était d'ailleurs dans la pensée du philosophe grec, l'oligarchie parfaite, n'est une forme de gouvernement. Des aristocraties très-puissantes peuvent en effet vivre et gouverner à l'ombre du régime monarchique ; et la démocratie représentative est certainement, de toutes les formes gouvernementales, celle qui favorise le plus le développement de la véritable aristocratie, de la seule qui soit légitime : l'aristocratie de l'intelligence.

Il y a donc trois formes essentielles de gouvernement : la monarchie, l'oligarchie et la démocratie.

Sans doute, cette division des espèces gouvernementales est un peu naïve ; mais c'est, au fond, la seule qui soit vraie, et on n'en trouvera jamais de plus satisfaisante, car il n'est pas plus facile de séparer nettement les espèces de l'ordre moral que les espèces de l'ordre physique.

Je considère donc comme inutile de m'engager plus avant sur le terrain de la métaphysique politique ; et je me borne à examiner ce qui se passe en France et sous quelles formes le conflit entre les diverses espèces de gouvernement se produit sous nos yeux.

En France, la question est tout entière entre la Monarchie et la République fondée sur le suffrage universel, c'est-à-dire entre la Monarchie, quelle que soit sa forme, et la République démocratique.

II

LA MONARCHIE

LA MONARCHIE DE DROIT DIVIN — L'EMPIRE

LA MONARCHIE CONSTITUTIONNELLE

Que la royauté ait eu souvent dans l'antiquité un caractère sacré, ou qu'elle soit née de
la nécessité où ont pu se trouver certaines nations de concentrer, en vue de l'attaque ou de
la défense, toutes les forces sociales entre les
mains d'un chef unique; que l'établissement
de l'hérédité dynastique ait pu être quelquefois
l'effet de la reconnaissance des peuples pour
des familles à qui elles devaient leur grandeur,
cela est de peu d'importance, relativement à
l'étude que je poursuis.

Ce que j'ai à rechercher, c'est, en premier
lieu, si, au point de vue de la patrie, le gouvernement monarchique est préférable au gouvernement républicain; en second lieu, s'il est vrai
qu'il soit un gouvernement de principe, s'il
donne satisfaction à la justice.

A la première question, les souvenirs d'un
passé récent dictent la réponse à faire. C'est

toujours un grand danger pour une nation quand, dans l'esprit des gouvernements, la considération de l'intérêt dynastique vient se substituer à la considération de l'intérêt national, et quand l'amour des citoyens pour la patrie fait place à l'amour exclusif, presque idolâtrique, qu'engendre le régime monarchique pour le prince et pour sa famille.

Montesquieu a dit : « La monarchie se corrompt lorsqu'on croit tout devoir au prince et rien à la patrie. » En parlant ainsi, il était indulgent pour le régime monarchique ; ce n'est pas une corruption de ce régime, c'est son effet nécessaire que la substitution dans l'esprit des citoyens, devenus des sujets, de la religion du prince au sentiment patriotique ; et j'ai déjà fait cette remarque que, dans le monde antique, c'est au sein des républiques qu'est née et qu'a grandi l'idée de patrie, tandis qu'on en trouve à peine trace dans les grandes monarchies de l'Orient.

C'est parce que le sentiment de la fidélité monarchique l'emportait dans leurs âmes sur le devoir envers la patrie, et que la patrie disparaissait pour eux derrière la royauté, que les émigrés n'ont pas pensé commettre de crime, ont cru, au contraire, faire acte de loyalisme en combattant contre la France dans les rangs de l'étranger.

A combien de guerres la France, sous l'ancienne Monarchie et sous l'Empire, n'a-t-elle pas été entraînée contre tous ses intérêts, en vue de l'intérêt du prince; et notre dernière et si funeste guerre avec l'Allemagne aurait-elle jamais été entreprise, si l'intérêt dynastique n'avait fait passer les criminels auteurs de cet effroyable conflit par-dessus toutes les considérations du patriotisme?

Il m'est arrivé bien souvent d'entendre dire par des hommes doués cependant d'un certain sens politique, qu'il n'y avait que deux gouvernements de principe, la Monarchie de droit divin et la République.

Le droit divin des rois et la légitimité qu'il enchaîne comme conséquence au bénéfice de certaines familles, sont, bien certainement, une des plus bizarres imaginations de l'idéologie politique; et je serais curieux qu'on pût me dire à quelle source ce singulier droit puise son origine.

Qu'on exhibe donc l'ordre de Dieu en vertu duquel la propriété de la France et de tous les Français a été dévolue à perpétuité à une famille, et lui a été dévolue dans des conditions si excessives, si anti-humaines, qu'il suffit d'une goutte de sang bourbon transmise de mâle e mâle à un arrière-petit-fils de saint Louis, pour qu'il puisse la revendiquer, alors même qu'il est absolument en dehors de l'hérédité civile.

Eh bien, ce droit que la loi civile ne reconnaît pas, et ne peut pas reconnaître, peut-il, du moins, se justifier par la loi religieuse ? En aucune façon ! Le christianisme lui-même ne l'admet pas. La doctrine chrétienne enseigne, en effet, qu'il faut respecter tous les pouvoirs établis, parce que tout pouvoir vient de Dieu. Et c'est là, certainement, la profession la plus absolue d'indifférence en matière gouvernementale qu'aucune religion ait jamais faite.

Mais il y a plus, le christianisme, s'appuyant sur les récits de la Bible, proclame l'unité de l'espèce humaine ; et c'est un dogme pour lui que tous les hommes sont issus d'un seul couple primitif, d'Adam et d'Ève. Ce dogme accepté, est-il possible d'admettre la supériorité de certaines races humaines ? Evidemment non ; et, pour être conséquent avec lui-même, tout légitimiste devrait commencer par renier le christianisme, par se proclamer partisan de la doctrine de la multiplicité des espèces humaines, ou, tout au moins, se faire Darwinien et admettre la formation dans l'humanité de races supérieures, par voie de sélection et sous l'influence des milieux.

Il n'y a donc pas de monarchie légitime. Il n'y a pas même, au point de vue chrétien, de droit divin des rois ; aucune monarchie, quelle qu'elle soit, ne peut se recommander que du fait de son existence, du droit de la force ou du consentement populaire.

Mais c'est le propre des monarchies de chercher toujours à se créer un droit supérieur à la volonté nationale.

Aussi voyons-nous, de nos jours, les partisans de la dynastie des Bonaparte essayer de construire à son profit une sorte de droit divin *sui generis*, fondé sur une des doctrines les plus audacieusement paradoxales qui aient jamais été mises au service d'une mauvaise cause, la doctrine de l'Appel au peuple.

Qu'est-ce, en réalité, que l'Appel au peuple? Rien autre chose qu'une réduction à l'absurde de l'utopie plébiscitaire de la Convention de 1793.

Certes, cette utopie a sa grandeur, et l'on comprend que des esprits absolus puissent s'en constituer les défenseurs; on comprend qu'ils puissent soutenir que la loi, pour engager les citoyens, a besoin d'être sanctionnée par le consentement de la nation tout entière.

Mais, pour que la théorie plébiscitaire dont l'unique défaut est d'être impraticable dans nos grandes sociétés modernes, trouve grâce devant la logique, il y a une condition indispensable : c'est qu'elle soit réalisée dans toute son ampleur, c'est que le peuple reste toujours en possession de sa souveraineté.

Et voilà que les bonapartistes disent au peuple : Oui, tu es le souverain ! Oui, tu as le droit plébiscitaire ! Oui, la sanction de ta volonté est nécessaire pour que les lois soient exécutoires, pour que les pouvoirs publics soient légitimes, car ils n'ont que la légitimité que tu leur confères ; eh bien, tous ces pouvoirs qui t'appartiennent, tous ces droits qui sont les tiens, tu vas, par un seul vote, les déléguer à un homme, et cet homme pourra les transmettre à sa famille ; et toi, peuple souverain, non-seulement tu t'en seras dépouillé pour l'heure présente, mais tu en auras à jamais dépouillé les fils de tes fils ! Au-dessus de toi, par le oui que tu auras donné, tu auras créé toute une famille de dieux terrestres, tu auras institué sur toi, jusqu'à la dernière génération, un irrémissible despotisme, tu te seras condamné au bonapartisme à perpétuité.

La monarchie constitutionnelle ne se recommande ni du droit divin, ni du droit populaire. Elle n'a pas la prétention d'être un gouvernement de principe, mais d'être le meilleur des gouvernements de fait, parce qu'elle réunit le mérite de la stabilité que lui donne l'hérédité dynastique à celui d'être, aussi bien que la République, un gouvernement de liberté.

Elle n'est, en réalité, qu'un compromis plus ou moins heureux, qu'un *modus vivendi*, donnant plus ou moins satisfaction aux intérêts, mais ne donnant aucune satisfaction à la justice.

Pourquoi un roi, en effet, puisqu'il ne doit pas gouverner ; pourquoi un roi, non pas élu, mais désigné par l'hérédité dans une famille privilégiée et investie d'un caractère religieux et quasi-divin, puisque tous les hommes sont égaux, et puisque le christianisme lui-même ne reconnaît pas de races supérieures ?

Et cette stabilité, résultant de l'hérédité dynastique qui fait aux yeux des partisans de la monarchie constitutionnelle, son grand, son principal mérite, est-elle aussi assurée qu'on veut bien le dire ? Il n'y paraît pas en France.

La royauté constitutionnelle est comme toutes les royautés, il faut, pour qu'elle dure, qu'elle trouve dans les pays où elle est implantée des mœurs spéciales, ce qu'un éminent publiciste de l'autre côté du détroit, Bagehot, dans son beau livre sur la *Constitution anglaise*, appelle le respect des pouvoirs *imposants*. « Le respect dont la reine Victoria est entouré, dit Bagehot, est, pour employer un terme scientifique, le foyer virtuel de toutes les autres autorités qui lui empruntent leur puissance. »

Mais, comme toutes les royautés aussi, la royauté constitutionnelle a cet inconvénient de subordonner l'intérêt de la patrie à l'intérêt dynastique.

« Nous demandons, dit Aristote, à ceux qui veulent l'excellence de la royauté, quel sort ils veulent faire aux enfants des rois. Est-ce que, par hasard, eux aussi doivent régner? Certes, s'ils sont tels qu'on en a tant vus, cette hérédité sera bien funeste. Mais, dira-t-on, le roi sera maître de ne pas transmettre le pouvoir à sa race. La confiance est ici bien difficile, la position est fort glissante, et ce désintéressement exigerait un héroïsme qui est au-dessus du cœur humain. (Livre III, ch. x, trad. Barthélemy Saint-Hilaire.) »

Et ailleurs :

« Demander la souveraineté d'un roi, c'est constituer souverains l'homme et la bête; car les entraînements de l'instinct, les passions du cœur corrompent les hommes, quand ils sont au pouvoir, même les meilleurs; la loi, c'est l'intelligence sans les actions aveugles. (Livre III, ch. xi.) »

Dira-t-on que la situation spéciale qui est faite aux rois constitutionnels les exempte, eux et leurs enfants, de ces entraînements de l'instinct, de ces passions du cœur qui font, au dire d'Aristote, que, lorsqu'on établit la souveraineté d'un roi, on constitue souverains l'homme et la bête, dira-t-on que cette situation diminue les dangers de l'institution monarchique?

A cela, je laisserai répondre Bagehot :

« Un roi héréditaire est une personne ordinaire, une personne moyenne tout au plus ; il
y a presque une certitude qu'il est peu préparé
au maniement des affaires par son éducation ;
il n'y a guère à croire qu'il y sera porté par ses
goûts ; entouré dès son enfance de toutes les
séductions, il aura probablement passé toute sa
jeunesse dans la mauvaise situation où se
trouve un héritier présomptif, lequel ne peut
rien faire parce qu'on ne lui assigne aucun
emploi, et s'expose au reproche d'empiètement
s'il entreprend quelque œuvre de son choix. Le
plus souvent un monarque constitutionnel est
un homme *désavantagé* qui n'est pas poussé
par la nécessité à s'occuper des affaires, ainsi
que l'est communément un despote, et dont
l'activité est cependant diminuée par les mêmes
tentations dont un despote est entouré.

« En outre, l'histoire démontre que toutes les
familles royales qui occupent un trône héréditairement, finissent, sous l'influence fâcheuse
des causes qui les corrompent, par avoir dans
le sang un vice caché, une sorte de poison
propre à affaiblir leur intelligence, à attrister
leur bonheur et à couvrir d'un nuage leurs
moments de plaisir.

« On a dit, sinon avec vérité, du moins
avec une certaine vraisemblance, qu'en 1802,

tous les monarques héréditaires étaient fous. Eh bien, peut-on admettre que des monarques semblables sachent saisir le moment où, malgré l'opposition d'un ministère qui a la majorité, leur devoir est de dissoudre le Parlement.

« Pour agir ainsi, il faut qu'ils soient capables de reconnaître que le Parlement fait fausse route et que la nation est mécontente. Or, pour reconnaître qu'un Parlement fait fausse route, il faut être un grand homme d'Etat, du moins, un homme d'Etat de quelque valeur et de quelque habileté ; il faut être doué d'une grande vigueur d'esprit, nécessaire pour comprendre les prin‑cipes ardus de la politique ; il faut avoir une grande activité sans laquelle on sera écrasé par les détails qu'entraînent ces principes dans leurs applications variées. Un homme que la nature a fait ordinaire, que la vie a gâté, n'aura ni cet esprit, ni cette activité ; presque à coup sûr, il ne sera ni habile, ni actif. Et un monarque qui, retiré au fond des palais, où il a l'oreille charmée par les flatteurs, ne se mêle pas au monde extérieur dont il est séparé par son rang, ne peut être qu'un pauvre juge de l'opinion publique. Eût-il le désir de connaître l'opinion publique, son genre de vie ne lui permettra jamais de le faire et lui enlè‑vera même ce désir peu à peu. (*La Constitu‑tion anglaise*, page 337.) »

Et Bagehot dit encore, dans l'introduction de son livre :

« Admettons, et c'est beaucoup dire, qu'un roi naisse toujours avec l'intelligence moyenne des hommes ; doit-on espérer que son éducation en fera un esprit moyen ? Pour ma part, je n'y compte pas. Des motifs que j'ai développés, peut-être surabondamment, donnent lieu de croire que, de tous les êtres humains, le roi constitutionnel est celui que son éducation dispose le plus au mal et le moins au bien, celui qui, dès sa jeunesse, trouve dans son genre de vie le moins de stimulants, et dans son entourage le plus d'obstacles à la culture intellectuelle. »

Je n'ai rien à ajouter à ces réflexions de l'écrivain anglais.

III

LA RÉPUBLIQUE

La République, et, par ce mot, il va sans dire que j'entends la République démocratique, la démocratie organisée, est le gouvernement légitime des peuples civilisés et des hommes libres.

Elle met le citoyen face à face avec la patrie, sans intermédiaire qui en voile·à ses yeux la majesté, qui puisse détourner à son profit le respect et l'amour qui lui sont dus; elle seule fait de l'Etat ce qu'il doit être, au dire d'Aristote, une société d'êtres égaux.

Mais, quelle que soit la légitimité de la République, il en serait des gouvernements démocratiques comme de tous les autres, s'ils ne donnaient pas satisfaction aux intérêts, s'ils n'assuraient pas la conservation de la patrie, s'ils ne garantissaient pas une protection suffisante aux droits individuels.

Tous les gouvernements, quels que soient leurs mérites originels, lorsqu'ils ne procurent pas ces biens aux nations, sont fatalement destinés à périr. Il me faut donc tout de suite descendre des hauteurs de l'idéal, et me dire que je ne vis pas dans le pays d'utopie, mais en France ; c'est pourquoi un grand problème se pose devant ma pensée :

Quelle est, dans un pays comme le nôtre, la meilleure organisation à donner au gouvernement républicain ?

Lá République française doit-elle être fédéraliste, communaliste ou unitaire ? Doit-elle être plébiscitaire ou représentative, et si elle doit être représentative, quelle doit y être la division des pouvoirs ? C'est la réponse à toutes ces questions qui me donnera la solution du problème.

IV

LA RÉPUBLIQUE UNITAIRE — LE FÉDÉRALISME
LE COMMUNALISME

Ce chapitre sera certainement fort court, car tout ce que j'ai dit jusqu'ici en fait préssentir à l'avance l'inévitable conclusion.

La République française, selon l'expression de nos pères, doit être une et indivisible.

Le salut de la patrie l'exige impérieusement. et ce n'est pas en présence des énormes monarchies européennes dont l'existence, à côté de nous, est pour notre pays un danger perpétuel, que nous pouvons songer au morcellement du sol national en petits Etats, unis seulement par un lien fédéral, ayant des gouvernements distincts, avec lesquels le pouvoir central serait obligé de compter, et qui pourraient, en cas de guerre extérieure, lui marchander ou même lui refuser leur concours.

Le maintien de l'unité française est si bien pour notre pays une nécessité d'existence. qu'on ne comprend pas que l'idée de fédération ait pu éclore dans un cerveau français.

7.

Ce que nous pouvons rêver, ce que nous devons peut-être songer à préparer pour un avenir plus ou moins éloigné sur le terrain des relations commerciales, en attendant que les événements en fassent une nécessité d'ordre politique, c'est la constitution d'une fédération des peuples libres de l'occident de l'Europe, de la France, de la Belgique, de la Hollande, de la Suisse d'abord, puis, plus tard, de l'Angleterre, de l'Italie, de l'Espagne et des petits Etats du Nord. Mais vouloir morceler notre France, déjà si petite en raison du grand rôle qu'elle a à accomplir dans le monde, ce serait vouloir la supprimer de la liste des nations.

Cependant, si, au point de vue de la patrie, le fédéralisme est une doctrine absurde jusqu'à en être criminelle, cette doctrine peut-elle, du moins, se soutenir au point de vue que retirerait la liberté de son application ?

Je serais curieux qu'on m'expliquât comment la liberté pourrait trouver avantage à la dislocation de la France en une vingtaine de petits Etats, unis sans doute par un lien plus ou moins étroit, mais ayant leurs lois, leurs justices spéciales, leurs milices particulières, leurs frontières, sinon leurs douanes, etc.; car, enfin, c'est cela le fédéralisme ou ce n'est rien !

Je voudrais bien qu'on m'expliquât ce que gagneraient à cette dislocation la liberté des transactions, la liberté du travail, ce qu'y gagnerait la justice?

Quant à moi, j'avoue que je n'y saurais voir qu'un immense recul vers la barbarie, qu'un prodigieux et stupide retour vers un passé disparu, grâce à des efforts dix fois séculaires, efforts dont la Révolution française a été le couronnement au point de vue politique et administratif, qui se poursuivent aujourd'hui dans l'ordre scientifique et industriel, et que nous avons encore à compléter au point de vue moral, par une éducation jusqu'à un certain point commune, mais, en tous cas, patriotique et nationale.

Que d'idées troubles, indéterminées et obscures, sous tous ces grands mots de centralisation, de décentralisation, de fédéralisme!

Que dirai-je maintenant du communalisme! A proprement parler, le communalisme, c'est l'autonomie des 48,000 communes de France, constituées en Etats minuscules, absolument distincts, et n'ayant avec la patrie que des liens de bon plaisir. C'est un émiettement de la France poussé si loin qu'au-delà il n'y a plus rien que la liberté individuelle absolue; que l'homme cessant d'être citoyen, n'ayant plus à répondre de ses actes devant personne, et ne relevant que de lui-même, plus rien que l'état sauvage, que le droit du plus fort, sans lois ni limites, que la désagrégation de tous les éléments de la vie sociale.

Voilà le communalisme dans la véritable acception du mot; mais, dans la langue courante de notre temps, ce mot n'a pas toujours une signification aussi excessive. Et il y a une autre variété du communalisme qui consiste, pour ceux qui s'en font les défenseurs, dans la domination, sur la France entière, d'un ou peut-être de quatre ou cinq grands municipes, Paris, Lyon, Marseille, Bordeaux, Nantes, etc., constitués en villes libres, et substituant leur autorité à celle du pouvoir central et de la représentation nationale.

Proudhon a dit quelque part que Paris était la représentation nationale de la France la plus vraie et la plus sincère qu'on puisse réaliser, et qu'en conséquence, il serait logique de remettre à ses élus le gouvernement du pays.

C'est, en effet, surtout la suprématie de Paris qu'ont en vue les communalistes de cette variété; et, dans cette conception, la Commune de Paris deviendrait quelque chose d'analogue à ce grand municipe romain qui, brisant toutes les nationalités antiques, a fini par s'imposer au monde subjugué, en ne laissant aux villes de l'empire que ces libertés municipales, objet aujourd'hui de tant de revendications inconscientes et exagérées, et qui finirent par devenir pour elles un écrasant fardeau.

Mais alors, il n'y aurait plus de République française, il n'y aurait plus qu'une République parisienne dont la France serait le domaine. Et l'on verrait, ne l'avons-nous pas déjà vu, toutes les villes, toutes les populations de nos campagnes, protester, s'élever contre une pareille usurpation. Si bien que de deux choses l'une, ou toutes ces grandes cités dont je parlais tout à l'heure voudraient, à l'imitation de Paris, se constituer en municipes indépendants, et ce serait la fin de la France ; ou la France, et c'est l'hypothèse la plus probable, voudrait se ressaisir, et quelque César de rencontre, appuyé sur le consentement ou sur la complicité des populations, se chargerait de reconstituer, à son profit personnel, l'unité nationale.

Est-ce à dire que tout soit injuste dans les revendications des hommes qui se disent communalistes ou fédéralistes, et surtout de ceux qui, plus modestes, se bornent à réclamer l'extension des libertés municipales? Non, bien certainement !

Quand la Révolution a créé administrativement l'unité de la France, les chemins de fer, les télégraphes, qui en font aujourd'hui, au point de vue de l'étendue, un petit pays, et qui ont augmenté, dans des proportions impossibles à prévoir, les moyens d'action du pouvoir central, tous ces merveilleux instruments de communication n'existaient pas.

Il est donc opportun de desserrer les liens de la camisole de force administrative dans laquelle notre pays a été en quelque sorte emmaillotté. Et ce doit être l'œuvre de notre temps de substituer aux procédés factices, que les législateurs révolutionnaires ont dû employer pour préserver l'unité française, les procédés scientifiques, c'est-à-dire la multiplication des voies de communication et une éducation nationale.

Mais, bien loin qu'il faille pour cela aller jusqu'au communalisme ou jusqu'au fédéralisme, de l'application de ces théories il ne saurait résulter que la diminution de nos libertés, en même temps que la désorganisation de la patrie française.

V

La RÉPUBLIQUE PLÉBISCITAIRE ET LA RÉPUBLIQUE REPRÉSENTATIVE

La Constitution de 1793, qui est restée lettre-morte et dont l'application a été suspendue par le décret de la Convention du 19 vendémiaire an II, moins de quatre mois après sa promulgation, se proposait d'établir en France le régime plébiscitaire, et, à cet effet, elle avait édicté une série de disposititions dont voici les principales :

« ART. 7. — Le peuple souverain est l'universalité des citoyens Français.

ART. 8. — Il nomme immédiatement ses députés.

ART. 9. — Il délègue à des électeurs le choix des administrateurs, des arbitres publics, des juges criminels et de cassation.

. . . .

ART. 10. — Il délibère sur les lois.

. . . .

ART. 19. — Les suffrages sur les lois sont donnés par oui ou par non.

. . . .

Art. 53. — Le Corps législatif propose des lois et rend des décrets.

Art. 56. — Les projets de lois sont précédés d'un rapport.

Art. 57. — La discussion ne peut s'ouvrir et la loi ne p.. .. être provisoirement arrêtée que quinze jours après le rapport.

Art. 58. — Le projet est imprimé et envoyé à toutes les communes de la République sous ce titre : Loi proposée.

Art. 59. — Quarante jours après l'envoi de la loi proposée, si, dans la moitié des départements, plus un, le dixième des assemblées primaires de chacun d'eux, régulièrement formées, n'a pas réclamé, le projet est accepté et devient loi.

Art. 60. — S'il y a réclamation, le Corps législatif convoque les assemblées primaires. »

On voit que, dans ce système, le Corps législatif est réduit à n'être plus, en ce qui concerne les lois, qu'une assemblée de proposition.

Toutefois, on peut dire que ce n'est pas le régime plébiscitaire dans toute sa pureté, et que c'est encore, dans une certaine mesure, le régime représentatif, puisqu'en définitive, il conserve une représentation centrale qui élabore les projets de loi et les soumet à la sanction populaire ; que, d'ailleurs, la Convention s'était réservée, par l'article 55, le droit d'édicter, sous le nom de décrets, un grand nombre de dispositions législatives dont elle pouvait exiger l'exécution sans avoir besoin d'en référer au consentement des assemblées primaires, et que, par l'article 54, elle avait assez étroitement limité le domaine de la loi.

C'est que le régime plébiscitaire qui, si l'on veut aller jusqu'au bout de la logique, se confond avec le gouvernement direct du peuple par le peuple, n'est praticable que dans de très-petits États, je dirais plus, n'est praticable dans toute sa vérité qu'à la condition d'une limitation très-étroite du nombre des citoyens et de l'existence de l'esclavage.

Ce régime a été pratiqué dans le monde antique, mais nous allons voir à quelles conditions :

« C'était, dit M. Fustel de Coulanges (*Cité antique*), un gouvernement fort laborieux que celui de la démocratie dans les républiques de l'antiquité.

« Voyez à quoi se passe la vie d'un Athénien. Un jour, il est appelé à l'assemblée de son dème, et il a à délibérer sur les intérêts religieux ou financiers de cette petite association. Un autre jour, il est convoqué à l'assemblée de sa tribu ; il s'agit de régler une fête religieuse, ou d'examiner des dépenses, ou de faire des décrets, ou de nommer des chefs et des juges. Trois fois par mois régulièrement, il faut qu'il assiste à l'assemblée générale du peuple, il n'a pas le droit d'y manquer. Or, la séance est longue, il faut qu'il reste jusqu'à une heure avancée du jour à écouter des orateurs. Il ne peut voter qu'autant qu'il a été présent dès l'ouverture de la séance et qu'il a entendu tous les discours. Ce vote est pour lui une affaire des plus sérieuses; tantôt il s'agit de nommer ses chefs politiques et militaires, c'est-à-dire ceux à qui son intérêt et sa vie vont être confiés pendant un an; tantôt c'est un impôt à établir ou une loi à changer; tantôt c'est sur la guerre qu'il doit voter, sachant bien qu'il aura à donner son sang ou celui d'un fils...

. . . .

« Le devoir du citoyen ne se bornait pas à voter. Quand son tour venait, il devait être magistrat dans son dème ou dans sa tribu. Une année sur deux, en moyenne, il était héliaste, c'est-à-dire juge, et il passait toute cette année-là dans les tribunaux, occupé à écouter les plaideurs et à appliquer les lois. Il n'y avait guère de citoyen qui ne fut appelé deux fois dans sa vie à faire partie du Sénat des Cinq-Cents; alors, pendant une année, il siégeait chaque jour du matin au soir, recevant les dispositions des magistrats, leur faisant rendre leurs comptes, répondant aux ambassadeurs étrangers, rédigeant les instructions des ambassadeurs athéniens, examinant toutes les affaires qui devaient être soumises au peuple et préparant tous les décrets. Enfin, il pouvait être magistrat de la cité, archonte, stratège, astynome, si le sort ou le suffrage le désignaient. On voit que c'était une lourde charge que d'être citoyen d'un Etat démocratique, qu'il y avait là de quoi occuper presque toute l'existence et qu'il restait bien peu de temps pour les travaux personnels et la vie domestique. Aussi Aristote disait-il très-justement que l'homme qui avait besoin de travailler pour vivre ne pouvait pas être citoyen. »

Voici, en effet, comment, à plusieurs reprises, Aristote s'exprime dans sa politique sur les conditions nécessaires pour vivre de la vie du citoyen :

« Dans un Etat bien constitué, les citoyens ne doivent pas avoir à s'occuper des premières nécessités de la vie. (Livre II, chapitre VI, page 2.)

« La Constitution parfaite n'admettra jamais l'artisan parmi les citoyens. Si de l'artisan on veut faire un citoyen, dès lors la vertu du citoyen, telle que nous l'avons définie, doit s'entendre, non pas de tous les hommes de la cité, non pas même de ceux qui ne sont que libres, elle doit s'entendre de ceux-là seulement qui n'ont pas à travailler pour vivre.

« Travailler aux choses indispensables de la vie pour la personne d'un individu, c'est être esclave; travailler pour le public, c'est être ouvrier ou mercenaire.

. . . .

« L'apprentissage de la vertu est incompatible avec une vie d'artisan et de manœuvre. (Liv. III, chapitre III, § 2 et 3.) »

Ces citations suffisent pour prouver, jusqu'à l'évidence, que dans les sociétés modernes le gouvernement direct du peuple par le peuple et le régime plébiscitaire ne sont pas possibles. Ils ne sont pas possibles, et il n'est même pas à désirer qu'ils puissent le devenir jamais, car leur établissement impliquerait, de la part des nations civilisées, le renoncement à cette vie du travail qui est leur honneur et leur force.

Le gouvernement représentatif est donc une nécessité de nos grandes démocraties. Et à supposer même que nos populations pussent arriver à un degré de science politique si élevé, qu'elles pussent juger, légiférer, gouverner par elles-mêmes, la nécessité d'une représentation nationale, d'une spécialisation des fonctions gouvernementales, politiques, judiciaires, etc., etc., ne s'imposerait pas moins à nous et à nos descendants, en vertu de la grande loi de la division du travail. Qu'est-ce, en effet, que la confection des lois, que la préparation et le vote des budgets, que l'œuvre gouvernementale tout entière, sinon des formes particulières du travail social, qui exigent, comme tout travail de la part de ceux qui s'y livrent, des études particulières, des aptitudes diverses, une application continue et persévérante, l'emploi de toutes les forces intellectuelles et même physiques dont ils disposent ?

VI

LA RÉPUBLIQUE REPRÉSENTATIVE — LE SUFFRAGE UNIVERSEL — LE SCRUTIN DE LISTE — LE SCRUTIN D'ARRONDISSEMENT ET L'UNITÉ DE COLLÈGE — LE MANDAT IMPÉRATIF.

La République représentative a ce double mérite, lorsqu'elle est fondée sur le suffrage universel, d'être le gouvernement par excellence de la démocratie, celui qui, seul, convient aux grandes nations, et d'être en même temps, au vrai sens du mot, ce gouvernement de l'aristocratie que rêvait Aristote et dont il était impossible au monde antique, embarrassé du lourd bagage de l'esclavage, de trouver la formule, c'est-à-dire le gouvernement des meilleurs.

Il remet aux mains des plus intelligents et des plus dignes le soin de veiller aux destinées du pays, en même temps qu'il assure au peuple le vrai rôle de la souveraineté, le règne : c'est-à-dire l'autorité sur les mandataires qu'il a choisis et qui, en conséquence du mandat qu'ils en ont reçus, sont responsables devant lui.

La souveraineté du peuple, pas plus que la souveraineté des rois, ne peut être absolue. Elle implique pour lui de grands devoirs : la conservation de la patrie qu'il a reçue des ancêtres et qu'il doit transmettre à ses descendants ; la justice assurée aux individus ; la protection de leurs intérêts, en échange des sacrifices qu'il peut avoir à leur imposer pour la sauvegarde de la patrie.

Souverain et laissant à quelques membres de la famille commune, à quelques agents spéciaux de son autorité le soin de ce travail particulier qui constitue l'œuvre gouvernementale, quelle sera, dans un Etat bien ordonné, sa situation vis-à-vis d'eux, comment, s'il juge à propos de les remplacer, devra-t-il s'y prendre ?

« Les représentants nommés dans les départements, dit la Constitution de 1791 (ch. VI, section 3, art. 7), ne sont pas représentants d'un département particulier, mais de la nation entière, et il ne pourra leur être donné aucun mandat. »

La Constitution de l'an III a reproduit textuellement cet article, et, dans l'intervalle, la Constitution de 1793 (art. 29) avait dit avec une énergique concision :

« Chaque député appartient à la nation entière. »

Quoi de plus rationnel que la doctrine consacrée par ces articles, s'il est vrai, comme le dit l'article 1er du titre III de la Constitution de 1791, que la souveraineté soit une, indivisible, inaliénable et imprescriptible, et qu'elle appartienne à la nation.

Pour rester dans l'absolu, il faudrait donc en conclure, étant donnée la nécessité d'une représentation nationale, que les députés, les représentants du peuple doivent être les élus de la nation tout entière, et que, par conséquent, M. de Girardin a raison, lorsqu'il demande l'unité de collège.

Il aurait raison, en effet, si l'unité de collège était chose pratique; mais il est à peu près le seul qui ose le soutenir, et encore est-il obligé, pour donner à son système une apparence de possibilité, de réduire la représentation nationale tout entière à un maire d'Etat et à une commission nationale de surveillance et de publicité composée de onze membres — maire d'Etat et membres de la commission indéfiniment rééligibles et constamment révocables — et de supprimer absolument le régime parlementaire, de remplacer la loi par des arrêtés et des décrets.

Je ne discuterai pas cette utopie, estimant que, pas plus que le royaume du Christ, elle n'est de ce monde, du monde actuel, tout au moins, et n'ayant point l'intention de faire dans ce petit livre acte de prophète et de deviner les secrets de l'avenir.

L'unité de collège, si satisfaisante qu'elle soit pour la logique, est donc, à mon sens, irréalisable ; et il me reste à examiner lequel est préférable, au point de vue de l'intérêt public, du scrutin de liste ou du scrutin d'arrondissement.

Le débat étant ainsi délimité, je n'hésite pas un instant à me prononcer en faveur du scrutin de liste, et voici pourquoi :

C'est que le scrutin d'arrondissement a pour conséquence inévitable de faire du député l'homme lige du petit groupe d'électeurs qu'il représente et qu'il tend à créer entre eux et lui des liens réciproques de vassalité.

Le député, ainsi élu, appartient trop à son arrondissement et pas assez, comme le veulent nos vieilles Constitutions républicaines, à la France toute entière. Il devient l'homme de la localité, et la localité elle-même devient dans ses mains, pour employer l'expression anglaise, un bourg pourri. L'indépendance lui manque. Ce ne sont pas tant des votes inspirés par un large et intelligent patriotisme que des votes dictés par un esprit étroitement particulariste qu'on lui demande d'émettre ; ce qu'on veut de lui surtout, c'est une intervention incessante, exagérée, insupportable auprès de l'autorité centrale dont il paralyse l'action et entrave le fonctionnement régulier.

On dit, pour défendre le scrutin d'arrondissement, qu'il facilite aux électeurs des choix plus intelligents, en leur permettant de nommer leurs députés en plus parfaite connaissance de cause. C'est, en effet, théoriquement, son bon côté; mais, dans la pratique, sauf dans les cas où de grands courants politiques entraînent les populations avec une puissance si irrésistible que toutes les considérations d'intérêt local disparaisent, ce n'est pas aux plus dignes ni aux plus capables qu'il donne gain de cause, mais à ceux qui, par leur situation territoriale, ont pu se créer la plus nombreuse clientèle, à ceux qu'on craint le plus, ou dont on attend le plus, et que l'on élit, non point parce qu'on les considère comme pouvant faire la meilleure besogne législative, mais parce qu'on peut en espérer soit des libéralités personnelles, soit en raison de leurs relations avec les membres du gouvernement établi, des subventions, des secours, des travaux publics, la direction, par exemple, de telle route, de telle ou telle voie ferrée, dans un sens plutôt que dans un autre, fût-ce au détriment de l'intérêt général.

Et il en résulte souvent ce fait singulier que, dans l'arrondissement, les petites villes rivales, les cantons se trouvent en compétition, que

chacun veut avoir son député, que le choix fait
de l'élu n'a d'autre signification que celle-ci :
la victoire de telle ou telle partie de l'arrondissement sur telle autre.

Le scrutin de liste a ce grand avantage qu'il
fournit à l'élection une base plus large.

Sans doute, il ne donne pas non plus entière
satisfaction à la logique, puisque ce n'est encore
qu'en vertu d'une fiction que le député peut se
dire l'élu du pays entier. Mais la fiction se rap-
proche déjà un peu plus de la vérité, et il permet au député d'échapper à la pression des intérêts locaux, sans cependant l'élever et l'isoler
tellement au-dessus des électeurs, comme le fe-
rait l'unité de collège, qu'il ne puisse plus remplir ce rôle secondaire, mais souvent utile,
après tout, d'intermédiaire entre eux et le gouvernement dont le scrutin d'arrondissement a
le défaut de faire son rôle principal. Enfin, et
c'est là son grand mérite, il place l'élection sur
son vrai terrain, le terrain politique.

On comprend, après ce que je viens de dire,
que je condamne absolument le mandat impé-
ratif. Ce n'est pas parce qu'il diminue l'élu en
en faisant un instrument aux mains de ses
électeurs, ou plutôt des comités qui ont patroné
sa candidature, c'est parce qu'il ne lui assigne
pas le vrai caractère qu'il doit avoir, celui d'être
l'homme de la nation.

Un député, en effet, doit pouvoir, si les nécessités patriotiques l'exigent, se décider contre l'intérêt de la localité qui l'a nommé.

Est-ce à dire qu'il ne doive aucun compte à ses électeurs ? Telle n'est pas ma pensée. La profession de foi qu'il leur a adressée constitue le contrat qui les lie, et sous peine de forfaire à l'honneur, de manquer à ses devoirs, il est tenu d'être fidèle aux engagements qu'il a pris envers eux. S'il se croit, en vue d'un intérêt supérieur ou par suite d'une modification dans sa manière de voir, dans la nécessité d'abandonner la ligne de conduite qu'il avait promis, de suivre, il est moralement obligé de leur fournir des explications sur sa conduite et de leur soumettre les motifs qui l'ont déterminé. Il peut le faire à quelque moment que ce soit de la durée de son mandat, c'est affaire entre lui et sa conscience. Et quand son mandat est expiré, c'est à ses électeurs, à leur tour, à juger s'il a démérité et, dans ce cas, à le remplacer.

Mais est-il possible que la loi organise une procédure par laquelle, pendant la durée du mandat législatif, sur la proposition, par exemple, de plusieurs communes, les électeurs soient appelés à décider si leur mandataire doit être, oui ou non, maintenu en fonctions ? Je ne le pense pas, parce que, indépendamment de l'extrême difficulté de fonctionnement d'une

pareille procédure, ce serait faire du député
uniquement et absolument l'homme de la localité ; parce que ce serait permettre à une fraction du pays de se substituer au pays tout entier et contredire le principe qui, sans doute,
repose sur une fiction, mais sur une fiction nécessaire, en vertu duquel l'élu du suffrage universel devient *ipso facto* l'homme de la
France.

VII

ORGANISATION DES POUVOIRS

En France, la tradition républicaine est favorable à l'unité de la représentation nationale. On conçoit l'existence d'une Chambre haute, disent les partisans de ce système, dans les pays qui, comme l'Angleterre, possèdent une aristocratie. Mais dans un pays comme le nôtre, où il n'existe même plus de classes, où il n'est même pas possible d'en supposer la reconstitution dans l'avenir, pourquoi dédoubler la représentation nationale ? Le peuple forme un tout homogène, indivisible, la représentation doit être une, comme le peuple lui-même est un, et il ne doit y avoir qu'une seule Assemblée.

Ce système, par sa simplicité, est fait pour séduire les esprits amoureux de logique ; et il est bien peu de républicains sincères dans notre pays pour qui l'unité de Chambre n'ait été le premier article du credo de leur jeunesse, qui n'en aient été, aux heures des premiers enthousiasmes, les défenseurs ardents jusqu'au fanatisme. Pour ma part, ce n'est qu'après de longues hésitations, et non sans regret, que j'ai été amené à le condamner. Voici les motifs qui m'y ont déterminé.

Aucun gouvernement, quel qu'il soit, ne peut se maintenir qu'à une condition : c'est de donner la sécurité aux intérêts, c'est d'inspirer au peuple la confiance qu'il est suffisamment protégé pour n'avoir rien à craindre des agitations intérieures, qu'il peut vivre et travailler en paix.

S'ils n'assurent pas aux nations ce premier des biens, la sécurité, les gouvernements sont fatalement condamnés à périr; quels que soient les services qu'ils aient rendus dans le passé, quelque glorieuse que soit leur origine, si fondés qu'ils soient sur la justice, ils doivent disparaître, et il en est, sous ce rapport, des républicains comme des monarchiques.

Or, le gouvernement d'un grand peuple par une assemblée unique peut-il réaliser cette stabilité des institutions, cette continuité dans le fonctionnement des forces politiques et sociales, sans lesquelles l'existence nationale n'est pas possible ? Je ne le pense pas.

De deux choses l'une, ou l'Assemblée unique sera seule chargée du gouvernement, et tirera de son sein ou, en tous cas, élira à sa fantaisie le pouvoir exécutif; ou bien elle se trouvera en présence d'un pouvoir exécutif issu comme elle du suffrage universel, confié à un président de république ou à un directoire.

Comment fonctionnera, suivant que l'une ou l'autre des deux hypothèses se trouvera réalisée, le mécanisme gouvernemental ? C'est ce que je vais examiner.

VIII

HYPOTHÈSE DE LA CHAMBRE UNIQUE
GOUVERNANT PAR ELLE-MÊME OU PAR UN POUVOIR
EXÉCUTIF NOMMÉ PAR ELLE

Dans cette hypothèse, le gouvernement de la
Chambre unique est une dictature ; il ne relève
que de la souveraineté du peuple, mais il a en
lui, en réalité, la souveraineté du peuple, il
peut tout ce qu'il veut, et rien ne limite son
autorité.

Il ne peut exister au-dessus de lui de constitution, car, à supposer que cette constitution existe,
qui empêchera la Chambre de la modifier, de la
transformer à son gré, de faire comme a fait la
Convention qui, après avoir promulgé la Constitution de 1793, l'a suspendue presque immédiatement par son décret du 19 vendémiaire ?

Qui empêchera une Assemblée unique, après
avoir institué un gouvernement, de le renverser
comme l'a fait l'Assemblée nationale de 1870 du
gouvernement de M. Thiers ?

Si une Assemblée composée en majorité de
monarchistes succède à une Assemblée républi-

caine, qui l'empêchera de proclamer la monarchie ; et si, par manque d'audace, elle ne va pas
jusque-là, de ruiner par le détail l'œuvre de sa
devancière, de bouleverser la législation établie
par elle, d'instituer un régime administratif,
financier, judiciaire, diplomatique, militaire,
tout à fait différent ? Qui l'en empêchera ?
Rien, absolument rien ! C'est la dictature sans
responsabilité ; car avec ce système, s'il subsiste encore une apparence de pouvoir exécutif,
ce sont en réalité les comités de l'Assemblée
qui gouvernent, et, à l'ombre de ces comités, les
habiles qui savent partaitement abriter derrière des ministres de parade la réalité de leur
direction occulte.

C'est l'instabilité en même temps que le despotisme, car, à supposer que les choses se
passent régulièrement, que tous les trois ans,
tous les quatre ans, tous les cinq ans, peu importe, une convention succède à une autre
convention, fatalement, l'assemblée nouvelle
intronise un nouveau régime politique.

C'est, par suite, la disparition de toute tradition gouvernementale, c'est l'impossibilité,
pour le pays soumis à ce régime, de lier aucune
relation suivie avec le monde extérieur, de
poursuivre une politique régulière dans laquelle
les nations étrangères puissent avoir confiance.

Despotisme sans frein, sans règles, sans autres

limites que l'honnêteté des gouvernants, instabilité sans mesure, ou tout au moins instabilité périodique amenant à heures fixes de profondes et redoutables révolutions légales, voilà ce qu'est le gouvernement en apparence si logique, si simple, si rectiligne, par une Chambre unique. En somme, c'est l'Empire à terme, avec cette circonstance aggravante que l'empereur, au lieu d'avoir une seule tête, en a cinq cents ou en a mille.

Est-ce à dire que, parfois, il ne puisse pas être utile de concentrer ainsi tous les pouvoirs entre les mains d'une seule assemblée ?

Lorsqu'au moment des crises suprêmes, un grand et unanime effort est nécessaire et que le souci des libertés individuelles doit s'effacer devant l'impérieuse obligation de pourvoir au salut commun, une pareille concentration peut avoir son heure d'opportunité ; mais une fois le péril passé, à partir de l'instant où la nation est rentrée dans les conditions de sa vie normale, il faut se hâter de revenir aux pratiques régulières de la liberté. Il faut que l'homme ou les quelques hommes à qui la nation s'est momentanément abandonnée et dont l'Assemblée elle-même n'a fait qu'aider l'action — car c'est toujours à l'hégémonie de quelques-uns qu'un pareil régime aboutit — rentrent dans le rang sous peine de faire courir à la patrie un plus grand péril que celui dont ils ont su la préserver.

Grand a été le rôle de la Convention ! Malgré la sévérité de ses critiques, M. Thiers, dans son *Histoire de la Révolution*, laisse à chaque instant percer une singulière admiration pour le comité de salut public ; oui, la Convention a sauvé la France ! Mais qui peut songer à faire du gouvernement conventionnel l'idéal du gouvernement républicain !

J'ai entendu souvent de sincères républicains. comparant la situation des Etats-Unis à celle de la France, me dire : Nous comprenons les deux Chambres en Amérique, parce que l'Amérique est un Etat fédéral.

C'est précisément parce que l'Amérique est un Etat fédéral qu'à la rigueur le pouvoir central pourrait y être confié à une seule Assemblée, chacun des Etats fédérés présentant, en raison de leur Constitutions spéciales et de leur large autonomie, des garanties contre les empiétements de ce pouvoir.

Mais c'est surtout dans un pays comme la France que l'unité de Chambre constitue un immense danger, parce que rien n'y vient contrebalancer son action. Et j'ai dit plus haut pourquoi la France ne pouvait pas, ne devait pas être une fédération.

IX

HYPOTHÈSE D'UNE CHAMBRE UNIQUE ET D'UN
POUVOIR EXÉCUTIF ISSU DU SUFFRAGE UNI-
VERSEL

Me voici arrivé à ma seconde hypothèse,
celle où une Assemblée unique se trouve face à
face avec un Pouvoir exécutif issu comme elle
du suffrage universel.

En l'abordant, je rencontre immédiatement
devant moi la théorie de Montesquieu sur la division des pouvoirs.

Que dit, en effet, Montesquieu, et qu'a répété
après lui l'école libérale toute entière?

« Lorsque *(Esprit des Lois,* liv. XI, ch. vi)
dans la même personne ou dans le même corps
de magistrature, la puissance législative est
réunie à la puissance exécutive, il n'y a pas de
liberté; parce qu'on peut craindre que le même
monarque ou le même Sénat ne fasse des lois
tyranniques pour les exécuter tyrannique-
ment.

« Il n'y a point encore de liberté, si la puissance de juger n'est pas séparée de la puissance

législative et de l'exécutive. Si elle était jointe à la puissance législative, le pouvoir sur la vie et sur la liberté des citoyens serait arbitraire, car le juge serait législateur. Si elle était jointe à la puissance exécutive, le juge pourrait avoir la force d'un oppresseur.

« Tout serait perdu, si le même homme ou le même corps des principaux, ou des nobles, ou des peuples exerçaient ces trois pouvoirs, celui de faire des lois, celui d'exercer les résolutions politiques et celui de juger les crimes ou les différents des particuliers. »

Il est clair qu'à s'en tenir à la lettre de ce passage, aucun système gouvernemental ne correspond plus complètement à la théorie de l'illustre penseur du dix-huitième siècle, que celui qui consiste à placer côte à côte une Chambre unique, un pouvoir exécutif indépendant, un pouvoir judiciaire indépendant.

Eh bien, il n'est pas besoin de longs discours pour démontrer le vice fondamental de ce système.

En droit républicain, la suprématie, quand le pouvoir législatif et l'exécutif se trouvent en face l'un de l'autre, doit appartenir au pouvoir législatif. Mais, en fait, en est-il ainsi ?

Tandis que chacun des députés qui composent le Parlement n'est, en réalité, que l'élu d'une fraction minime du corps électoral, et, comme je l'ai déjà fait remarquer, n'est investi d'un mandat général qu'en vertu d'une sorte de fiction, le chef du pouvoir exécutif, lui, est bien véritablement l'élu du pays tout entier, le représentant de l'unité nationale. Quoique subordonné constitutionnellement au pouvoir législatif, il n'en est pas moins, de par l'autorité de ces millions de suffrages qui l'ont sacré l'homme de la nation, dans une situation dangereusement prépondérante.

Il faudra donc qu'il soit d'une sagesse et d'une modestie incomparables pour ne pas être incessamment tenté de se targuer de cette prépondérance et d'en profiter pour peser sur les déterminations de l'Assemblée.

Mais qu'arrivera-t-il, s'il est ambitieux et qu'il veuille profiter de la popularité qui l'a porté au pouvoir pour s'y perpétuer et devenir le maître?

L'histoire est là pour le dire.

Il peut arriver cependant que ce soit l'Assemblée qui soit populaire et que le chef du pouvoir exécutif, déconsidéré dans l'opinion, soit le plus faible.

Supposons alors que, par un de ces entraînements si fréquents dans les annales parlementaires, l'Assemblée soit amenée à prendre une mesure injuste ou dangereuse, et que le pouvoir exécutif, bien intentionné, sage, malgré son impopularité, veuille s'y opposer; comment fera-t-il? Il aura le *veto*. Soit! Mais Louis XVI aussi avait le *veto*, à quoi cela lui a-t-il servi?

C'est donc l'antagonisme à l'état permanent que ce système crée entre les deux pouvoirs, et sans qu'il y ait de tribunal des conflits pour tenir entre eux la balance égale ou pour la faire pencher du côté de la justice et du bien général.

C'est en même temps la subalternisation presque inévitable du pouvoir législatif, subalternisation qui n'a pas même l'avantage d'atténuer le danger de despotisme parlementaire et d'instabilité gouvernementale qui sont les conséquences du régime conventionnel, mais qui crée à côté un danger plus redoutable, celui de la tyrannie.

X

DU SYSTÈME DES DEUX CHAMBRES

Ce centre de gravité, que les gouvernements monarchiques trouvent dans l'irresponsabilité du monarque et dans l'hérédité dynastique, manque absolument au régime républicain avec le système de l'unité de Chambre.

Est-il possible de donner à une République une organisation telle que, tout en étant de nature à être acceptée par les démocrates les plus affamés d'égalité, elle présente des garanties de stabilité si grandes, en écartant jusqu'aux vaines agitations parlementaires et aux compétitions ministérielles qu'aucune monarchie n'en saurait offrir de semblables, et que l'esprit de conservation, si peu qu'il soit intelligent et dégagé de préjugés archaïques, en reçoive toute satisfaction? Je crois que le problème peut être résolu par le système des deux Chambres.

Ma théorie n'est pas celle de Montesquieu, elle n'est pas non plus celle de la Constitution actuelle. Mon argumentation va donc faire abstraction de cette Constitution ; plus tard, j'examinerai en quoi elle me paraît concorder avec les véritables doctrines républicaines et en quoi elle me paraît s'en écarter.

Montesquieu a emprunté à Aristote sa théorie de la division des pouvoirs, mais, en la lui empruntant, il l'a dénaturée.

Quelle est la théorie d'Aristote ?

La voici :

« Dans tout Etat, il y a trois parties dont le législateur, s'il est sage, s'occupera par-dessus tout à bien régler les intérêts. Ces trois parties, une fois bien organisées, l'Etat tout entier est bien organisé lui-même ; et les Etats ne peuvent réellement différer que par l'organisation différente de ces trois éléments. Le premier de ces éléments, c'est l'Assemblée générale délibérant sur les affaires publiques ; le second, c'est le corps des magistrats dont il faut régler la nature, les attributions et le mode de nomination ; la troisième, c'est le corps judiciaire. (Polit., liv. VI, ch. xi, § 1er.)

Si l'on prend la peine de lire les chapitres xi, xii et xiii de ce livre VI, dans lesquels le philosophe grec examine successivement les conditions possibles d'existence des trois parties qui, suivant lui, entrent nécessairement dans la constitution d'un Etat, on s'aperçoit bien vite qu'il n'a nullement pensé au mécanisme des gouvernements représentatifs. Comment aurait-il pu le faire, d'ailleurs, puisque cette forme gouvernementale n'était pas connue de son temps ; qu'elle est d'invention toute récente et le résultat de la création des grands Etats modernes, de l'abolition de l'esclavage et de la nécessité où se trouvent aujourd'hui les sociétés les plus démocratiques de confier à quelques-uns la gestion des affaires publiques.

Montesquieu, cependant, reprend la théorie d'Aristote, et il le fait dans les termes suivants :

« Il y a dans chaque Etat trois sortes de pouvoirs : la puissance législative, la puissance exécutrice des choses qui dépendent du droit des gens, et la puissance exécutrice de celles qui dépendent du droit civil.

« Par la première, le prince ou le magistrat fait des lois pour un temps ou pour toujours, et corrige ou abroge celles qui sont faites.

« Par la seconde, il fait la paix ou la guerre, envoie ou reçoit des ambassades, établit la sûreté, prévient les invasions.

« Par la troisième, il punit les crimes ou juge les différents des particuliers. On appelle cette dernière la puissance de juger, et l'autre simplement la puissance exécutrice de l'Etat. »

Ce passage, par lequel s'ouvre le célèbre chapitre de l'*Esprit des Lois* sur la *Constitution d'Angleterre*, n'est certainement pas d'une excessive clarté.

A ne considérer que le premier alinéa, il pourrait sembler que la division des pouvoirs de l'Etat y est celle-ci :

Puissance législative ;

Pouvoir de gouvernement des affaires étrangères ;

Pouvoir de gouvernement des affaires intérieures ;

Car enfin, on peut considérer la politique intérieure comme une branche du droit civil, surtout lorsque le droit civil se trouve, comme dans ce passage, mis en opposition avec le droit des gens. Et ce n'est que par une restriction de sa pensée première que, dans son second alinéa, Montesquieu arrive à réduire « la puissance exécutrice des choses qui dépendent du droit civil » à n'être plus que « la puissance de juger. »

Il semble qu'il y ait eu un certain embarras dans sa pensée, qu'il n'ait pas voulu se mettre en conflit avec la théorie aristotélienne, mais qu'au fond elle le gênait.

C'est qu'en effet, Montesquieu s'est placé dans ce chapitre sur un terrain beaucoup moins large que son devancier. Quel but se propose-t-il apres avoir posé ces principes généraux ? C'est de démontrer la supériorité du gouvernement représentatif, et d'un gouvernement représentatif d'une nature spéciale, celui qu'avait l'Angleterre de son temps, sur tous les autres gouvernements.

C'est en vue de cette démonstration que toute son argumentation est échafaudée, et, pour cela, il n'a que faire de cette fameuse division des trois pouvoirs, non-seulement il n'en a que faire, mais elle l'embarrasse.

Après ces prémisses, si une conclusion s'imposait logiquement à son esprit, je l'ai déjà fait remarquer, c'était celle-ci : une Assemblée législative unique, un pouvoir exécutif, un pouvoir judiciaire indépendants. L'idée ne lui en vient même pas. Et que fait-il? il jette sans façon, par dessus bord, le pouvoir judiciaire, se met en quête d'une combinaison qui lui permette d'établir l'équilibre gouvernemental à la recherche duquel il s'est lancé, et voici à quelle solution il aboutit :

« Des trois puissances dont nous avons parlé, celle de juger est en quelque façon *nulle*. Il n'en reste que deux, et comme elles ont besoin d'une puissance réglante pour les tempérer, la partie du corps législatif, qui est composée de nobles, est très-propre à produire cet effet. »

Ce n'est pas qu'il ait pour l'aristocratie de race autrement d'amour, car voici comment il continue :

« Le corps des nobles doit être héréditaire, il l'est premièrement, par sa nature: et, d'ailleurs, il faut qu'il ait un très-grand intérêt à conserver ses prérogatives odieuses par elles-mêmes et qui, dans un Etat libre, doivent être toujours en danger. »

Montesquieu n'est pas un utopiste, s'il fait des théories, c'est toujours à *posteriori*, c'est des faits qu'il les tire. Comme Molière, il prend son bien où il le trouve. Il a compris que l'équilibre des pouvoirs était impossible avec l'unité de Chambre, étant donnée la nullité politique, qu'il est réduit à confesser, du pouvoir judiciaire. L'Angleterre lui donne le spectacle de cet équilibre des pouvoirs qu'il recherche et qui, dans ce pays, est fondé sur l'existence d'une aristocratie de race, et il propose le gouvernement anglais aux autres peuples comme un modèle à suivre.

C'est ainsi que le système des deux Chambres a fait son entrée dans le monde. C'était y entrer par une mauvaise porte. En effet, il en est résulté contre lui un préjugé des plus redoutables : c'est qu'il n'était praticable que là où il existait une aristocratie. Le maître lui-même ne l'avait-il pas reconnu ?

Eh bien ! cela est-il vrai ? L'existence d'une aristocratie de race ou de fortune est-elle nécessaire pour que ce système puisse être utilement institué ? L'expérience a montré qu'il n'en était rien.

Dégagé de son apparence aristocratique, ce n'est plus qu'un mécanisme politique. Rien de plus, rien de moins! Mais c'est un mécanisme excellent qui peut fonctionner avec le suffrage universel pour moteur tout aussi bien qu'avec le cens électoral, tout aussi bien qu'avec une pairie héréditaire ; et qui est précieux surtout dans les démocraties, parce qu'il permet à la liberté humaine de s'épanouir à l'aise, à toutes les réformes de se faire, à tous les progrès de se produire en pleine sécurité du lendemain.

Cela est si vrai qu'à nos portes un peuple de langue française, petit par le nombre, petit par l'étendue de son territoire, mais grand par sa sagesse politique, le peuple belge prospère sous ce régime, et que sa Constitution qui, il est vrai, a un caractère olygarchique, puisqu'elle admet un cens électoral, non-seulement n'implique pas, mais répudie l'existence d'une aristocratie de race.

En effet, lorsque la Belgique a fait sa Constitution, le principe de la division du pouvoir législatif en deux Assemblées ayant été adopté, de grands débats se sont élevés pour savoir comment seraient nommés les membres du Sénat. La discussion a été des plus longues et des plus laborieuses, et la question examinée sous toutes ses faces.

Le comité de Constitution proposait au congrès l'adoption d'un article ainsi conçu :

« Les sénateurs sont nommés par le chef de l'Etat et choisis dans les provinces, en observant, autant que possible, la proportion de leur population. »

A cet article, M. Beytz proposait l'amendement suivant :

« Les sénateurs seront nommés par le chef de l'Etat sur une liste triple présentée par les collèges électoraux d'arrondissement qui concourent à la nomination de la Chambre élective. »

Un deuxième amendement, celui-là de M. de Blaignies, consistait à faire nommer les membres du Sénat par les conseils provinciaux, les sénateurs étant élus pour six ans.

Un troisième, de M. Jacques, demandait que les sénateurs fussent nommés à vie, la moitié par le roi, la moitié par la Chambre élective, sur une triple liste de candidats.

Enfin, M. Jotliand proposait la disposition suivante :

« Les membres du Sénat seront élus, à raison de la population de chaque province, par les citoyens qui élisent la Chambre des députés. »

C'est cette disposition qui a été adoptée par le congrès et qui est devenue l'article 53 de la Constitution belge.

Est-ce que la Belgique s'est mal trouvée de remettre à un même corps électoral la nomination de ses députés et de ses sénateurs?

La Belgique, cependant, est une monarchie.

En France, au contraire, nous avons usé, pendant ce siècle, bien des Constitutions. Comment celles de ces Constitutions qui ont essayé d'acclimater chez nous le système des deux Chambres ont-elles procédé ?

D'après la Constitution de l'an VIII, le Sénatus-consulte de l'an X et celui de l'an XI, le Sénat de l'Empire se composait : 1° de sénateurs de droit ; 2° de sénateurs élus par le Sénat lui-même sur la présentation de l'empereur et sur des listes formées par les collèges électoraux de départements ; 3° de sénateurs nommés directement par l'empereur.

Sous la Restauration, les pairs étaient nommés directement par le roi, et la pairie était héréditaire ;

Sous la Monarchie de Juillet, les pairs étaient nommés par le roi, et la pairie était viagère ;

Sous le second Empire, il y avait des sénateurs de droit et des sénateurs directement nommés par l'empereur, et le titre n'était pas transmissible par voie d'hérédité.

Il serait souverainement injuste de croire

que ces diverses Assemblées fussent mal composées, que le bon plaisir des princes n'y ait systématiquement introduit que des hommes médiocres, capables seulement de servilité envers le maître, non ! Le Sénat du second Empire lui-même comptait dans son sein beaucoup d'hommes de mérite et qui, soit comme hommes politiques, soit comme administrateurs, soit comme écrivains, étaient parmi les premiers de la nation ; mais le titre de sénateur, au lieu d'être un honneur et une force pour ceux qui l'avaient accepté, constituait bien plutôt pour eux un amoindrissement de leur autorité morale. Le maître, en le leur conférant, avait cherché à relever la fonction, et la fonction les diminuait.

D'où vient ce fait singulier, d'où vient que jamais cette institution de la Chambre haute n'a pu s'acclimater en France ; et que la Chambre des pairs de la Restauration aussi bien que celle de la Monarchie de Juillet, que le Sénat du premier Empire aussi bien que le Sénat du second Empire, n'ont été pour tous ces gouvernements que des rouages inutiles, quand ils n'ont pas été pour eux une cause de ruine ?

La cause en est tout entière dans l'origine de ces assemblées.

C'est, en effet, chose évidente, qu'étant données deux Chambres, l'une issue de l'élection populaire, l'autre composée de membres choisis par le chef de l'Etat et triés, comme on dit, sur le volet, la première aura toujours l'opinion publique pour elle, qu'elle sera la seule aux actes de laquelle le peuple s'intéressera et dans les délibérations de laquelle il sentira palpiter l'âme de la patrie; tandis que toutes les décisions que pourra prendre la seconde, même alors qu'elles seront marquées au coin de la sagesse politique et de la justice, seront considéées comme abusivement prises, comme en contradiction avec le principe de la souveraineté nationale et se trouveront ainsi discréditées *ab ovo*.

Pour que l'institution d'un Sénat soit bienfaisante, il faut qu'il puisse avoir autorité. Quand le Sénat n'est pas la représentation d'une aristocratie de race; quand cette aristocratie, qui a besoin pour se maintenir d'être entourée du respect presque religieux du peuple pour certaines familles privilégiées, n'existe pas dans une nation, c'est folie de vouloir en créer une artificiellement; c'est folie de croire que, même dans les monarchies, elle puisse être improvisée, si prestigieuse que soit la volonté royale. Dès lors l'autorité du Sénat ne peut se fonder que sur l'élection populaire. Il ne faut pas que, par son origine, il soit placé dans des conditions moins favorables que la Chambre des députés.

il faut, enfin, que l'opinion publique, sans l'assentiment de laquelle, aujourd'hui, aucun pouvoir n'est viable, le soutienne et lui donne la force.

Il me souvient que, dans une des dernières séances du Corps législatif, le maréchal Lebœuf disait de certaines places fortes de notre frontière de l'Est que c'étaient de véritables nids à bombes ; je dirai volontiers des Chambres hautes, dont les membres sont directement ou indirectement nommés par le pouvoir exécutif, que ce sont de véritables nids à révolutions.

XI

DE LA DIVISION DES POUVOIRS DANS LA RÉPUBLIQUE

Montesquieu, en combinant sa théorie, avait en vue un Etat libre, mais un Etat monarchique. L'hérédité dynastique était la base sur laquelle il édifiait tout son système. C'était dans la royauté qu'il trouvait le centre de gravité autour duquel devait fonctionner tout le mécanisme gouvernemental. On comprend donc qu'après avoir reconnu l'impuissance du pouvoir judiciaire à remplir entre la représentation populaire et le roi ce rôle de pouvoir pondérateur dont il sentait la nécessité, il ait imaginé un deuxième pouvoir législatif à origine aristocratique; on le comprend d'autant mieux qu'il n'inventait rien et qu'il avait sous les yeux l'idéal qu'il proposait à l'imitation des peuples.

Mais dans une République démocratique sans royauté, sans noblesse de race, la division des pouvoirs peut-elle, doit-elle être la même que dans un gouvernement monarchique constitutionnel? J'ai dit qu'il ne fallait voir dans le sys-

tème des deux Chambres qu'un mécanisme destiné à assurer le jeu régulier des institutions.
Montesquieu a passé la Manche et il a trouvé
son modèle en Angleterre, traversons, nous,
l'Atlantique, et voyons si les Etats-Unis ne nous
fourniront pas un enseignement supérieur, au
point de vue de l'adaptation de ce mécanisme, à
nos institutions et à nos mœurs démocratiques.

Le Sénat des Etats-Unis est élu pour six ans.
Il se renouvelle par tiers tous les deux ans.
Placé entre le pouvoir exécutif et la Chambre
des représentants, il a, comme cette Chambre,
la proposition et le vote des lois qui doivent
toujours subir l'examen des deux Assemblées,
et, après elle, l'examen du budget de l'Etat et
le contrôle financier.

D'un autre côté, la Constitution lui accorde
sur le pouvoir exécutif une action directe : en ce
sens que le Président de la République, responsable devant lui et devant la Chambre des députés, pouvant, en cas de forfaiture, être mis en
accusation par la Chambre et jugé par lui, ne
peut, sans son consentement, choisir ses ministres, ni les révoquer, désigner, ni révoquer
les ambassadeurs et les consuls, les juges de la
Cour suprême et tous les autres fonctionnaires
de l'Etat à la nomination desquels il n'est pas
autrement pourvu par la Constitution et dont

les emplois peuvent être créés par des lois spéciales.

Dans le gouvernement monarchique constitutionnel, le prince est considéré comme irresponsable, il est censé n'avoir d'autre fonction dans l'Etat que celle de régner. Il faut cependant que la responsabilité s'arrête quelque part.

Elle s'arrête nécessairement sur les ministres, et ce sont eux qui, par la force même des choses, se trouvent chargés de défendre les intérêts de la couronne, la politique du gouvernement devant le Parlement.

C'est, par suite, dans le cabinet que réside le gouvernement; et les ministres ne peuvent se maintenir au pouvoir sans l'assentiment des Assemblées. Un vote les amène au pouvoir, un vote les renverse. De là, ces manœuvres et ces combinaisons parlementaires auxquelles trop souvent le public ne comprend rien, ces ministres faits et défaits du jour au lendemain, et dont la chute entraîne des modifications correspondantes dans l'administration et dans la politique.

Avec le système américain, rien de semblable. La responsabilité devant le Parlement incombe au Président de la République. C'est lui qui doit faire exécuter les lois votées par les deux Chambres. Sans doute, les ministres sont après lui les premiers fonctionnaires de l'Etat; mais ils ne sont, en définitive, que des administrateurs sous ses ordres, et n'ont pas à intervenir dans la discussion des lois. On ne peut donc pas les renverser par un vote, puisqu'ils n'ont pas à se prononcer pour ou contre dans les débats législatifs et qu'ils ne sont que des exécutants.

Toutefois, la Constitution américaine a reconnu, dans une certaine mesure, au pouvoir exécutif le droit d'intervenir dans la confection des lois. Il n'en a pas la proposition, il ne peut pas prendre part à leur discussion, mais il a le droit, quand elles ont été votées, si elles lui semblent impraticables ou dangereuses, de soumettre, avant leur promulgation, ses objections aux Assemblées. Si, malgré les objections du Président, elles décident, à la majorité des deux tiers des voix de chacune d'elles, que la loi doit être maintenue, il est obligé de se soumettre, il faut qu'il la promulgue.

On voit qu'il est ainsi, en quelque sorte, dans la situation d'un chef d'orchestre qui reçoit une partition des mains d'un compositeur, qui peut lui donner son avis sur le mérite de son œuvre et sur l'utilité qu'il y aurait à en modifier tels ou tels passages, mais qui, si le compositeur ne veut pas tenir compte de ses avis, n'a plus qu'à faire exécuter la partition telle que le maître l'a conçue.

Que les législateurs américains aient eu oui ou non la perception bien claire de la portée doctrinale de leur œuvre, il est évident qu'ils n'ont pas compris comme Montesquieu la division des pouvoirs.

Le Sénat des Etats-Unis n'est pas, comme la Chambre haute des monarchies constitutionnelles, un pouvoir exclusivement législatif destiné à faire contre-poids à la Chambre populaire, et à préserver le pouvoir exécutif contre ses empiètements et ses audaces; tout au contraire, il a autorité sur le pouvoir exécutif, et sa principale mission consiste à le surveiller et à maintenir son action dans les limites constitutionnelles. Et comme en même temps il conserve la compétence législative, comme grâce à son mode de renouvellement par tiers, la Constitution lui a donné cette force énorme, la permanence, il en résulte qu'il est véritablement un pouvoir de gouvernement.

Ce qui caractérise donc l'œuvre des constituants américains, c'est que laissant à l'écart du domaine politique le pouvoir judiciaire, elle introduit dans le droit politique une nouvelle division des pouvoirs beaucoup plus correcte que celle d'Aristote et de Montesquieu, au point de vue des conditions d'existence de nos sociétés modernes, et qui est celle-ci : Pouvoir législatif, pouvoir de gouvernement, — pouvoir exécutif, — division des pouvoirs qui, pour moi, partisan du système des deux Chambres, est dans les Etats démocratiques la seule qui soit véritablement logique.

Cette division des pouvoirs, qu'on ne dise pas qu'elle n'est applicable qu'aux Etats fédéralisés : car, avec M. de Laboulaye, qui a, dans son *Histoire des Etats-Unis*, si profondément étudié ces questions, je ferai remarquer qu'elle se retrouve dans chacun des Etats qui composent l'Union ; et qu'un de ces Etats, la Pensylvanie, ayant essayé du gouvernement d'une Chambre unique, s'en est assez mal trouvé pour avoir été obligé d'y renoncer à bref délai. Et je répète que c'est surtout dans les Etats centralisés comme le nôtre qu'elle est nécessaire pour garantir non-seulement la liberté des citoyens, mais la souveraineté nationale elle-même.

Si, maintenant, j'avais à apprécier le système particulier adopté par les Etats-Unis pour constituer le Sénat à l'état de Chambre de gouvernement, peut-être aurais-je des critiques à lui adresser.

En effet, donner au Sénat le droit d'intervention dans la nomination et dans la révocation des ministres, c'est, à mon avis, faire à la fois trop et trop peu.

Sans doute, cette combinaison présente cet avantage qu'elle supprime les compétitions ministérielles, qu'elle ne permet pas cette chasse aux portefeuilles qui peut parfois prendre un caractère assez triste pour affliger les meilleurs amis du régime parlementaire; mais, d'un autre côté, une fois les ministres du président choisis par lui et acceptés par le Sénat, si le président, si les ministres se mettent en désaccord avec les pouvoirs législatif et de gouvernement, ceux-ci se trouvent, pour réprimer les écarts de conduite de l'exécutif, n'avoir qu'une seule ressource à leur disposition : c'est la mise en accusation du président. Tout autre moyen d'action, toute possibilité d'ingérence dans la direction de l'administration publique leur sont interdits, et le pouvoir exécutif se trouve séparé d'eux par une barrière infranchissable, parce que c'est la Constitution elle-même qui l'a posée.

Cette pénétration des pouvoirs les uns par les autres, qui est une condition indispensable de leur harmonie, fait défaut dans ce système ; et c'est là certainement un grand inconvénient, dans certains cas même, ce peut être un danger. Ce danger, sans doute, il est atténué aux Etats-Unis par leur organisation férédale, mais dans notre France centralisée, il pourrait devenir singulièrement grave.

D'un autre côté, si la responsabilité ministérielle devant les Chambres, si l'obligation qui en résulte pour le pouvoir exécutif de constituer le ministère d'un commun accord avec la majorité parlementaire, en s'inspirant de ses vœux, de ses volontés, peuvent avoir leurs inconvénients — et quelle organisation politique n'a pas les siens — elles ont aussi leurs avantages.

Parmi les raisons que, dans sa belle étude sur la *Constitution anglaise*, met en avant M. Bagehot, dans le but de justifier ses préférences pour le gouvernement de cabinet sur le gouvernement présidentiel, en d'autres termes pour le système anglais, fondé sur la responsabilité ministérielle sur le système américain, il y en a une qui m'a particulièrement frappé : c'est que l'isolement des administrations dans une existence exclusivement bureaucratique, telle qu'elle résulte du système américain, loin d'être un avantage, est une chose mauvaise en soi, funeste à la bonne gestion des affaires, et qui ne peut avoir qu'un résultat : développer, outre mesure, l'esprit de routine auquel on sait que les bureaucrates de tout pays ne sont naturellement que trop enclins.

« L'entrée dans une administration d'un chef venu du dehors, dit l'écrivain anglais, n'est d'aucun inconvénient, au contraire, elle sert à perfectionner cette administration. Laissée à elle-même, cette administration deviendrait formaliste, absorbante et envahissante pour son propre compte; elle perdrait probablement de vue le but qu'elle doit poursuivre pour ne voir que les moyens; elle se perdrait par étroitesse d'esprit, elle déploierait en apparence beaucoup d'activité, mais pour ne rien faire en réalité. Un chef venu du dehors corrigera bien ces défauts..... »

« Le ministre américain demeure caché dans ses bureaux, il n'a besoin de rien faire en public; il se passe des années sans avoir besoin de montrer s'il est incapable ou habile. Chez nous, le public juge un ministre par la manière dont il fait ses preuves au Parlement; mais, en Amérique, ce n'est que par des rapports personnels avec le ministre, ou par une position particulière qu'on est mis à même de dire quelque chose de certain au sujet d'un ministre présidentiel..... »

« Par sa nature même, le gouvernement parlementaire assure la prompte révélation de l'incapacité ministérielle. »

Je crois, en effet, qu'il est bon qu'un ministre soit un homme politique et un homme public.

Mais, quoi qu'il en soit, et quels que soient les défauts de détail de la Constitution américaine, il n'en est pas moins vrai qu'en créant entre la Chambre des représentants et le pouvoir exécutif le pouvoir permanent du Sénat, elle a trouvé le moyen de donner à la République des Etats-Unis un centre de gravité dont l'existence lui assure autant et plus de stabilité que l'hérédité dynastique n'en assure aux nations qui vivent sous le régime monarchique constitutionnel; et que c'est la solution de ce problème que doit, de son côté, poursuivre notre jeune République française dans des conditions appropriées aux mœurs et au tempérament de notre nation.

Eh bien! si je considère la Constitution actuelle, je trouve que, par une singulière fortune, elle aussi réalise, dans une certaine mesure, cette division des pouvoirs qui, à mon avis, est nécessaire au bon fonctionnement des Etats démocratiques.

Elle n'a pas été, certainement, combinée dans la pensée de permettre à la République une longue existence. Dans l'esprit de ses auteurs, elle était bien plutôt un instrument destiné à faire passer la France, légalement et sans qu'elle s'en aperçût, ou du moins sans qu'elle pût s'y opposer, du régime républicain à la monarchie constitutionnelle.

S'ils ont donné au pouvoir exécutif cette énorme durée de sept années qu'on ne rencontre dans aucune autre Constitution républicaine, c'était évidemment, dans le but d'acheminer la nation, sous le couvert de ce long principat, à l'établissement d'un pouvoir exécutif à vie, et, aussitôt que les circonstances le permettraient, transmissible héréditairement.

S'ils ont, d'autre part, accordé au chef de l'Etat le droit de dissoudre la Chambre, c'est qu'ils entendaient subordonner le pouvoir législatif au pouvoir exécutif, et préparer les voies à celui-ci pour une entreprise contre la souveraineté du peuple. Et s'ils ont voulu faire partager avec lui au Sénat ce droit de dissolution qu'ils lui conféraient, c'est qu'ils n'avaient pas assez confiance en lui pour lui permettre d'agir seul ; c'est qu'ils ont voulu qu'il ne pût opérer que de compte à demi avec eux, et que la Chambre des députés dissoute, il ne fût pas seul à tirer les marrons du feu.

Enfin, s'ils ont organisé de la façon que l'on sait le recrutement du Sénat, c'est qu'ils comptaient bien, grâce à leurs combinaisons bizarres, s'assurer la majorité dans la haute Assemblée et rester les maîtres de la situation.

Une habileté supérieure à la leur a déjoué toutes ces machinations, et aujourd'hui la citadelle qu'ils ont élevée pour faire échec à la République a garnison républicaine, une garnison appelée à se renforcer à chaque nouvelle élection triennale ; et il est arrivé que cette Constitution, imaginée pour un dessein si malfaisant, est certainement, malgré ses lacunes et ses incorrections, une des meilleures qu'ait eues la France.

Que faudrait-il, pour la rendre tout à fait bonne au point de vue républicain?

Quelques modifications que je vais indiquer, mais que, les mœurs publiques et l'intégrité des hommes qui détiennent le pouvoir aidant, il n'y a, actuellement, aucune urgence à y introduire précipitamment.

J'ai dit plus haut que la clause constitutionnelle qui assigne une durée de sept années au mandat présidentiel était une clause excessive. Ce mandat est aujourd'hui entre les mains de M. Grévy, et ce qui était un danger, s'il était tombé en d'autres mains, est devenu une garantie de sécurité; mais quand l'heure viendra de réviser la Constitution, il faudra certainement lui assigner des limites de temps plus étroites.

En revanche, une disposition excellente c'est celle en vertu de laquelle le pouvoir exécutif est élu par les deux Chambres réunies en congrès. Elle résout, en effet, de la façon la plus heureuse, le problème si difficile de la nomination de ce pouvoir; et elle est absolument conforme aux principes républicains, car elle en fait le subordonné de la représentation nationale, tout en lui laissant assez de liberté pour qu'il s'exerce dans sa plénitude et ne soit pas à la merci des intrigues parlementaires.

Mais le droit de dissolution ne se conçoit pas dans une République. Où donc le président de la République, à l'élection duquel la Chambre des députés a concouru, où donc le Sénat qui, en vertu du mode adopté pour l'élection de ses membres, représente la nation moins directement que la Chambre, peuvent-ils puiser le droit de la dissoudre? La Constitution, en le leur accordant, a usurpé, à leur profit, sur la souveraineté du peuple.

A coup sûr, ce droit n'est pas dangereux à l'heure actuelle, mais ce n'en est pas moins un droit absolument anti-républicain, d'ordre monarchique, et qui ne s'explique que lorsqu'il s'exerce au nom de la royauté. Il fait de notre République une monarchie constitutionnelle à terme, et il pourrait, dans l'avenir, entre les mains d'un ambitieux, devenir, pour employer une expression chère à M. le duc de Broglie, un péril social. Il faudra le retrancher de la Constitution.

Une modification nécessaire, c'est celle qui consistera à donner au Sénat la large base de l'élection par le suffrage universel.

Le Sénat doit prendre dans la République française le rôle de pouvoir de gouvernement. Pour qu'il puisse remplir ce rôle auquel le destine le mode de renouvellement par tiers, dont, par une imitation heureuse du système américain, notre Constitution l'a inconsciemment gratifié, il faut qu'il ait autorité. Il faut qu'il conquière dans l'opinion publique une place aussi haute que la Chambre des députés, et, pour cela, il est indispensable qu'il soit nommé par les mêmes électeurs, c'est-à-dire par la nation tout entière.

La réforme à introduire de ce chef, dans notre organisme constitutionnel, consistera donc à faire élire les sénateurs au scrutin de liste départemental.

Le mode de renouvellement par tiers qui assure au Sénat la permanence, devra être précieusement conservé ; mais il sera bon que ce renouvellement soit fixé à des époques plus rapprochées, qu'il ait lieu tous les deux ans, au lieu d'être triennal, et que la durée du mandat sénatorial soit limitée à six années.

La durée de neuf années que lui assigne la Constitution est en effet trop longue, car elle crée pour les sénateurs une quasi-irresponsabilité vis-à-vis du pays, et, par suite, elle diminue devant l'opinion publique l'autorité du Sénat lui-même.

Enfin, comme la permanence du Sénat lui donne ce caractère particulier d'en faire le gardien de la Constitution et, ainsi que je l'ai dit si souvent, le centre de gravité de l'Etat républicain, j'ajouterai qu'il serait logique, à mon sens, d'exiger de tout sénateur entrant en fonctions, qu'il prêtât serment de fidélité à la Constitution et à la République.

En indiquant ces réformes qu'un avenir plus ou moins éloigné réalisera certainement, je ne fais en ce moment qu'exprimer des *desiderata*.

Telle qu'elle est, notre Constitution a ce grand mérite de permettre la transmission facile du pouvoir exécutif et de laisser le champ libre à toutes les transformations dans la législation du pays que l'esprit de progrès peut concevoir.

Y demander des modifications autrement qu'en se renfermant dans le domaine de la théorie, ce serait faire œuvre mauvaise à l'heure présente!

Je suis partisan du système des deux Chambres, j'ai exposé sincèrement les motifs qui me le font préférer, mais combien de républicains des plus dévoués, des plus intelligents et des plus éclairés, sont d'un avis contraire au mien!

Eh bien! est-ce là un de ces dissentiments de principe qui soient si graves qu'ils obligent les hommes à se séparer en deux camps opposés? Gardons-nous de ces querelles byzantines! Qu'importe, en définitive, qu'un gouvernement républicain ait deux Chambres ou n'en ait qu'une seule, s'il fonctionne au mieux des intérêts du pays et conformément à la justice.

L'important, c'est que la forme constitutionnelle ne crée aucune inégalité, ne porte atteinte à aucun droit, n'empêche aucune réforme de se produire.

La République est aujourd'hui fondée dans des conditions durables. Sachons, tout en tenant la porte toute grande ouverte au progrès, être des conservateurs de la République et de la Patrie française.

FIN.

TABLE DES MATIÈRES

QUESTIONS DE POLITIQUE GÉNÉRALE

QUESTIONS CONSTITUTIONNELLES

Clermont. — Imprimerie du *Journal de Clermont.*